国家级职业教育规划教材

人力资源和社会保障部职业能力建设司推荐

商情分析

高职高专电子商务专业任务驱动型教材

主编　庞东升

中国劳动社会保障出版社

图书在版编目(CIP)数据

商情分析/庞东升主编．—北京：中国劳动社会保障出版社，2011
ISBN 978-7-5045-8851-7

Ⅰ.①商… Ⅱ.①庞… Ⅲ.①电子商务-市场营销学-研究 Ⅳ.①F713.36

中国版本图书馆 CIP 数据核字(2011)第 025592 号

中国劳动社会保障出版社出版发行
（北京市惠新东街 1 号 邮政编码：100029）
出版人：张梦欣
*
世界知识印刷厂印刷装订 新华书店经销
787 毫米×1092 毫米 16 开本 9.25 印张 202 千字
2011 年 3 月第 1 版 2011 年 3 月第 1 次印刷
定价：17.00 元
读者服务部电话：010-64929211/64921644/84643933
发行部电话：010-64961894
出版社网址：http：//www.class.com.cn

前　言

为了满足高等职业技术院校电子商务专业教学改革的需要，我们组织了一批教学经验丰富、实践能力强的教师与行业、企业的专家，在充分调研和集思广益完善课程教学方案的基础上，编写了国内首套高等职业技术院校电子商务专业任务驱动型教材，包括《电子商务概论》《电子商务技术与应用》《商务站点建设与管理》《Web数据库应用》《网络信息发布与营运》《商情分析》《客户关系管理》《电子商务物流》《国际贸易实务》《电子商务应用与实训》（第二版）等。

在本套教材的编写过程中，我们力求贯彻以下四项原则：

一、围绕培养目标选取教材内容

本专业的培养目标是使学生能够利用计算机、网络、信息等现代化技术手段完成企业的商务工作。本套教材内容的选取紧紧围绕这一培养目标来展开，即根据电子商务工作流程的需要，着重介绍营销、交易、管理等工作内容以及这些工作中常用的计算机技术、网络技术、信息技术、电子物流技术和典型电子商务平台运用技术等，既有基础知识和专业知识，又有电子商务工作技能的训练，提高了教材的针对性和适用性。

二、按照任务驱动教学模式安排教材内容

教材中的各教学单元分别以企业的信息搜集、市场调查、招标采购、销售推广、客户服务、物流管理等工作中的典型业务为项目，按照典型业务的需要，安排相关的商务内容和技术支持内容，并做到“理论学习有载体，技能训练有实体”，以利于激发学生的学习兴趣，提高教学效果。

三、充分体现国家职业标准的要求

为了推动高等职业技术院校贯彻落实“双证书制度”，本专业教材涵盖了国家职业标准《电子商务师》中电子商务员、助理电子商务师等应知和应会的内容。这样，学生在取得学历证书的同时，也很容易考取电子商务专业的中、高级国家职业资格证书。

在本专业教材的编写过程中，有关省市教育部门、人力资源和社会保障部门以及一批高等职业技术院校给予我们有力的支持，教材的主编、参编、主审等有关人员做了大量的工作，在此，我们表示衷心的感谢！同时，恳切希望用书单位和广大读者对教材提出宝贵的意见和建议，以便修订时加以完善。

人力资源和社会保障部教材办公室

2011年3月

内容简介

本书为国家级职业教育规划教材，由人力资源和社会保障部职业能力建设司推荐。

本书根据高职高专电子商务专业的教学实际，由人力资源和社会保障部教材办公室组织编写。本书重点培养学生商务信息的采集、整理、分析以及撰写商情分析报告的能力，主要内容包括：认识商情分析、分析宏观市场环境、采购市场调研、销售市场调研、公司财务分析、投资决策与可行性分析等。

为了给教师提供更多的教学资源和更好的教学服务，本书还配有多媒体教学课件，教师可登录中国劳动社会保障出版社主页（www. class. com. cn），在“产品天地”中的“下载专区”进行下载。

本书由庞东升主编，郭峰主审。

目　录

模块一

商情分析工作准备

课题 1　认识商情分析

学习目标

1. 认识什么是商情分析，商情分析需要做哪些具体的工作。
2. 能拟定一份商情分析报告的写作提纲与目录。

课题引入

企业在经营过程中非常重视对所处行业和环境的商情分析工作，通过细致、准确的商情分析，来制定企业的经营决策。那么什么是商情分析呢，商情分析报告应该如何撰写呢？

相关知识

一、商情分析的定义

对一般企业而言，“商情”通常指的是市场上的商品价格和供销情况。采购人员需要对原材料市场、供应商进行调研分析，销售人员需要对产品销售市场、需求方进行调研分析，投资人需要对某个项目的发展前景进行调研分析，企业管理人员需要对企业整体运营状况、行业发展趋势进行调研分析，以便作出合理的经营决策。

商情分析，一方面是分析现象，为决策提供参考依据；另一方面是通过回顾、总结和展望，迅速抓住问题的本质，加深对周围事物的整体认识。商情分析的基本定义是：以市场为着眼点，针对决策需求，利用各种信息源（如国家的经济方针政策、各种行业统计资料以及各种媒体）获取相关信息，并以统计分析、数据库等知识为技术支撑，对所掌握的数据、信息进行分析处理，撰写商情分析报告，并用以指导决策活动的信息行为的过程。商情分析可以有很多种类型，如宏观环境分析、客户商情分析、市场商情分析、行业商情分析等，此外还应包括财务商情分析、投资决策与可行性商情分析等。

练一练：请利用搜索引擎检索“商情分析”，进一步了解商情分析的含义和范畴。

二、商情分析报告的构成

商情分析报告主要由封面、摘要、目录、正文、参考文献与附件和封底组成。

1. 封面

封面包含商情分析报告题目、委托单位、承担单位、项目负责人、时间等主要信息。

2. 摘要与关键词

摘要一般是100～500字的简要介绍，包括商情分析报告的背景、目的、意义、主要方法、主要结果和结论建议等。

关键词为4～7个可以表达主要内容的词语。

摘要与关键词有时候还需要翻译成英文，便于检索和交流。

3. 目录

目录一般包括二级或三级目录，便于读者浏览。

4. 分析报告正文

商情分析报告一般包括调研背景、调研内容、相关说明、调研结果、调研方法、数据分析和主要结论。

5. 参考文献与附件

参考文献与附件是与商情分析报告相关的其他资料。

练一练：请利用搜索引擎检索商情分析报告，选定一篇商情分析报告，并且认真阅读，根据上面所学的知识，分析该报告的结构和内容。

三、商情分析报告的写作步骤与要点

撰写商情分析报告，一般要从分析报告的定位、确定大纲开始，然后是商务信息的采集、整理、分析与报告撰写，完成后，还需要对报告进行有效的包装、宣传。参考下面的说明，学习撰写商情分析报告的步骤与要点。

1. 明确写作目的

撰写商情分析报告前，首先要问：为什么要写？即明确商情分析的目的，是为了业务总结、产品定位，还是公司概况介绍；是企业的需要还是市场开拓的延伸。

2. 确定读者对象

在进行商情分析、撰写商情分析报告时，必须明确这项工作是做给谁看的，是为公司的管理层提供决策支撑，还是为股东、债权人提供投资权衡；是为政府主管部门了解行业发展，还是为供应商或购买者了解市场需求或产品信息，或者仅仅是给报告撰写人自己开展相应工作提供决策支撑。

想一想：结合前面商情分析报告的阅读，能够看出该报告的编写目的吗？其读者对象是谁？

一般来说，股东更看重公司可持续发展能力，债权人会更多地关注偿债能力，公司经理人关注业绩考评指标，政府主管部门主要看公司经营是否规范，相关厂商关注的是公司整体运作协调能力等。搞清楚了给谁看，才能有目的和有侧重地收集资料，进行分析。

3. 定位

明确了写作目的、读者对象之后，就可以对商情分析工作及报告作出恰当的定位。如公司做市场分析报告就要根据公司规模与发展实际需要而做，报告实现的功能也应该与公司实际需要相符合。所以，应该进行实地调研，了解公司实际运营情况、发展规划、高层的想法等，适时沟通调整，而不是关起门来空想。

4. 市场分析

对产品或项目有了清晰的定位后，才能有的放矢地进行市场情报收集与调研分析。去了解市场上有哪些公司提供类似的产品或服务，其功能、价格做得如何，主要竞争对手做得怎么样等问题。

5. 结论与可行性分析

商情分析就是为了决策而进行的分析论证。如果分析后却没有鲜明的观点，没有切实可行的结论与建议，就很难获得决策人的认同。如果是某项具体投资决策，还要进行可行性分析，从财务、人力资源和时间等方面给出预算和实施方案等。

6. 确定分析报告的标题和章节目录

商情分析报告的标题应该是对分析报告最精练的概括，它不仅要确切地体现分析报告的主题思想，而且要简洁、醒目。章节标题是对章节内容的概括，应简明扼要地反映章节主体内容。

针对一家公司的分析报告一般包括公司概要、主要产品与服务、市场环境、企业经营状况、未来发展规划等方面。不同类型的分析报告大纲可以通过网络搜索，或参考相应报告章节安排，或根据自己的商情分析报告的定位进行调整。

章节目录安排应逻辑合理、条理清晰，整体结构显得完整、严谨而且美观协调。

7. 开始撰写分析报告

拟定了分析报告标题和目录，就应围绕它，收集资料，进行分析并撰写报告。报告要努力做到准确、集中、深刻、新颖。准确，是指根据调研的目的，如实反映事物的客观本质及其规律，结论准确；集中，是指突出核心主题，观点清晰明确；深刻，是指报告能深入地揭示事物的本质；新颖，是指报告要有新意。

实训演练

实训项目 1　市场分析报告的定位与写作

一、实训项目

在任课教师的指导下，学生可以选择自己感兴趣的企业或者行业作为自己完成本次实训的调研对象，参考下述操作步骤，完成商情分析报告提纲和目录的写作。

二、实训操作步骤

步骤一　利用网络登录所选公司的网站了解相关信息。

步骤二　确定为什么做市场分析报告，做给谁看。

步骤三　确定分析报告题目。例如《××公司××地区市场发展分析报告》等。

步骤四　利用网络进行市场调研。对分析报告有了清晰的定位后，可以有的放矢地进行市场情报收集与调研，并通过市场分析得出你的结论与发展策略。

步骤五　初步拟定所选公司市场分析报告的提纲与目录。

实训项目 2　某公司物流系统分析报告目录的对比

一、实训情景

以下是一篇关于某公司物流系统的分析报告目录修改前后的对比。

原　稿	修改稿
论文题目：××机械有限公司物流分析	论文题目：××机械有限公司物流系统分析
引言	引言
1　××机械公司发展概况	1　××机械物流发展概况
2　公司物流管理现状	1.1　公司物流发展现状
2.1　原材料	1.2　公司物流管理中的主要问题
2.2　生产物流	2　××机械物流业务流程分析
2.3　成品、销售物流	2.1　公司原材料管理现状分析
3　公司物流发展分析	2.2　公司生产物流管理现状分析
3.1　存在的主要问题	2.3　公司销售物流管理现状分析
3.2　改进措施	3　××机械物流系统发展策略选择
3.3　公司物流成本控制措施	3.1　公司物流系统发展战略
4　公司物流发展规划建议	3.2　公司物流业务流程改造
5　结语	3.3　主要结论和建议

二、实训操作步骤

1. 分析修改稿与原稿相比有哪些明显的进步

阅读以上关于公司物流的分析报告目录修改前后的对比，分析一下修改稿与原稿相比有哪些明显的进步。

2. 参考下列修改说明，结合自己的理解，修改确定上一实训所撰写的分析报告的提纲与目录

（1）原大纲显得结构零散，章节安排没有一个系统的、清晰的逻辑关系。

（2）章节内容略显不协调，第1、4、5章里没有节，第2、3章各有3节。

（3）章节标题要紧扣分析报告主题，能确切反映章节内容。如原稿中“2.1原材料”，到底想说明什么，是产品介绍还是采购物流管理说明，不清楚。改为“2.1公司原材料管理现状分析”，清楚明了。

（4）修改后的大纲，从公司物流现状到物流业务流程分析，再到公司物流系统发展规划和公司现有物流流程的改进，即“现状、分析、结论、发展建议（有现实业务流程，也有战略发展）”，显得顺理成章，能为企业管理人员做营运与发展的判断、决策提供参考。

（5）文中公司名字可以用简称，在引言或摘要中说明一下即可。

（6）由于分析报告的内容不同，其标题和结构并没有统一标准和固定模式，应根据具体的分析内容而定。

思考与练习

1. 什么是商情分析，其对企业人的作用有哪些?
2. 撰写商情分析报告的主要工作程序是什么?

课题2　Excel工具在商情分析报告中的应用

学习目标

1. 利用Excel制作出具有专业外观的饼图、条形图、柱形图、线柱图；
2. 能对数据进行初步的统计分析。

课题引入

通过学习前面商情分析的基本知识，并阅读检索出的商情分析报告后，可以发现，在其

中应用了大量的数据图表，直观而具有说服力，本课题要求学生能够根据所给的数据实例，利用 Excel 工具将数据类信息转化成相应的数据图表，并进行初步的统计分析。

相关知识

一、Excel 图表制作

1. 创建图表

用“图表向导”创建图表，了解基本的图表术语，如图 1—2—1 所示。

图 1—2—1 创建图表

2. 选择正确的图表类型

在“图表类型”对话框中选择图表类型，再创建坐标轴，如图 1—2—2 所示。

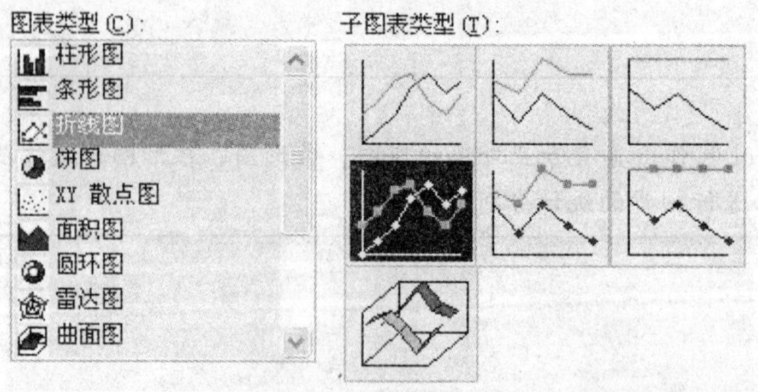

图 1—2—2 选择图表类型

3. 制作具有专业外观的图表

通过改变颜色、添加底纹和阴影、应用数字格式来自定义图表，修改图表上的信息，修改数值轴上的数字等。

二、利用 Excel 工具进行数据的统计分析

样本数据分布区间、标准差等都是描述样本数据范围及波动大小的统计量，统计标准差需要得到样本均值，计算较为烦琐。这些都是描述样本数据的常用变量，使用 Excel 数据分析中的“描述统计”即可一次完成。

描述统计功能需要使用 Excel 扩展功能，如果 Excel 尚未安装数据分析，应依次选择“工具”“加载宏”，在安装光盘中加载“分析数据库”（具体过程参见实训演练二）。加载成功后，可以在“工具”下拉菜单中看到“数据分析”选项。

三、相关系数的含义

相关系数是用以反映两组变量之间相关关系密切程度的统计指标。

相关系数用 r 表示，它的基本公式为：

$$r=\frac{n\sum xy-\sum x\sum y}{\sqrt{n\sum x^2-(\sum x)^2}\sqrt{n\sum y^2-(\sum y)^2}}$$

相关系数的值介于－1 与＋1 之间，即 $-1\leqslant r\leqslant +1$。其性质如下：

1. 当 $r>0$ 时，表示两变量正相关，$r<0$ 时，表示两变量为负相关。

2. 当 $|r|=1$ 时，表示两变量为完全线性相关。

3. 当 $r=0$ 时，表示两变量间无线性相关关系。

4. 当 $0<|r|<1$ 时，表示两变量存在一定程度的线性相关。且 $|r|$ 越接近 1，两变量间线性关系越密切；$|r|$ 越接近于 0，表示两变量的线性相关越弱。

一般可按三级划分：$|r|<0.4$ 为低度线性相关，$0.4\leqslant|r|<0.7$ 为显著性相关，$0.7\leqslant|r|<1$ 为高度线性相关。

例 1：某财务软件公司在全国有许多代理商，为研究它的财务软件产品的广告投入与销售额的关系，统计人员随机选择 10 家代理商进行观察，收集到它们的年广告投入费和月平均销售额的数据，并编制成相关表，见表 1—2—1。

表 1—2—1　　广告费与月平均销售额相关表

年广告投入费（万元）	月均销售额（万元）
12.5	21.2
15.3	23.9
23.2	32.9
26.4	34.1
33.5	42.5
34.4	43.2
39.4	49.0
45.2	52.8

续表

年广告费投入（万元）	月均销售额（万元）
55.4	59.4
60.9	63.5

参照表1—2—1，可计算相关系数，见表1—2—2。

表1—2—2　　广告费与月平均销售额相关系数表

序号	广告投入（万元）x	月均销售额（万元）y	x^2	y^2	xy
1	12.5	21.2	156.25	449.44	265.00
2	15.3	23.9	234.09	571.21	365.67
3	23.2	32.9	538.24	1 082.41	763.28
4	26.4	34.1	696.96	1 162.81	900.24
5	33.5	42.5	1 122.25	1 806.25	1 423.75
6	34.4	43.2	1 183.36	1 866.24	1 486.08
7	39.4	49.0	1 552.36	2 401.00	1 930.60
8	45.2	52.8	2 043.04	2 787.84	2 386.56
9	55.4	59.4	3 069.16	3 528.36	3 290.76
10	60.9	63.5	3 708.81	4 032.25	3 867.15
合计	346.2	422.5	14 304.52	19 687.81	16 679.09

$$
\begin{aligned}
r &= \frac{n\sum xy-\sum x\sum y}{\sqrt{n\sum x^2-(\sum x)^2}\sqrt{n\sum y^2-(\sum y)^2}} \\
&= \frac{10\times 16\ 679.09-346.2\times 422.5}{\sqrt{10\times 14\ 304.52-346.2^2}\sqrt{10\times 19\ 687.81-422.5^2}} \\
&= 0.994\ 2
\end{aligned}
$$

相关系数为0.994 2，说明广告投入费与月平均销售额之间有高度的线性正相关关系。

四、统计描述中要重点关注的一些数值

1. 中位数

数据按大小排序后，当样本数为奇数时，中位数取位于中间的数据的值；当样本数为偶数时，中位数取位于中间两个数据的平均值。中位数算出来可避免极端数据，代表着数据总体的中等情况。例如，2，3，4，5，6，7的中位数是（4+5）/2=4.5。

2. 众数

一组数据中出现次数最多的数值，叫众数。简单来说，就是一组数据中占比例最多的那个数。例如，1，2，3，3，4的众数是3。

但是，如果有两个或两个以上个数出现次数都是最多的，那么这几个数都是这组数据的众数。例如，1，2，2，3，3，4的众数是2和3。

如果所有数据出现的次数都一样，那么这组数据没有众数。例如，1，2，3，4，5没有众数。

3. 标准差

方差的算术平方根，反映组内个体间的离散程度。

假设有一组数值 x_1，x_2，…，x_N（皆为实数），其平均值为：

$$\bar{x}=\frac{1}{N}\sum_{i=1}^{N-1}x_i$$

此组数值的标准差为：

$$\sigma=\sqrt{\frac{1}{N}\sum_{i=1}^{N}(x_i-\bar{x})^2}$$

例如，A、B两组各有6位学生参加同一次语文测验，A组的分数为95、85、75、65、55、45，B组的分数为73、72、71、69、68、67。这两组的平均数都是70，但A组的标准差为17.07分，B组的标准差为2.37分，说明A组学生之间的差距要比B组学生之间的差距大得多。

4. 峰值

衡量数据分布起伏变化的指标，以标准正态分布为基准，比其平缓时值为正，反之则为负。

5. 偏斜度

衡量数据峰值偏移的指数，根据峰值在均值左侧或者右侧分别为正值或负值。

6. 极差

一组数据中的最大数据与最小数据的差叫做这组数据的极差。例如，12，12，13，14，16，21这组数的极差是：21－12＝9。

7. 置信度（95％）

所谓置信度，是指特定个体对待特定命题真实性相信的程度。概率是对个人信念合理性的量度，概率的置信度解释表明，事件本身并没有什么概率，事件之所以指派有概率，只是指派概率的人头脑中所具有的信念证据。置信水平是指总体参数值落在样本统计值某一区内的概率，而置信区间是指在某一置信水平下，样本统计值与总体参数值间的误差范围。置信区间越大，置信水平越高。如果样本平均数 A 的置信度（95％）为 F，表示以95％的概率估计总体平均值在区间（$A-F$，$A+F$）内。

实训演练

一、Excel图表制作

案例一：饼图

根据表1—2—3，制作一个如图1—2—3的饼图。

表1—2—3　　网络购物用户市场份额　　％

网站	市场占有率	网站	市场占有率
淘宝网	56.3	TOM易趣网	6.8
当当网	11.5	拍拍网	6.0
卓越亚马逊网	9.9	其他	9.5

制作步骤如下：

步骤一 打开 Excel，在工作表中输入表 1—2—3 的数据后，依次单击“插入”“图表”，或单击工具栏上的“[图表按钮]”按钮打开“图表向导”，如图 1—2—4 所示。

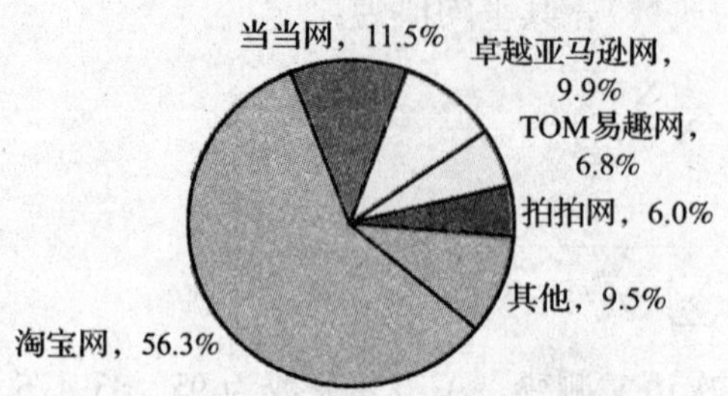

图 1—2—3 网络购物用户市场份额

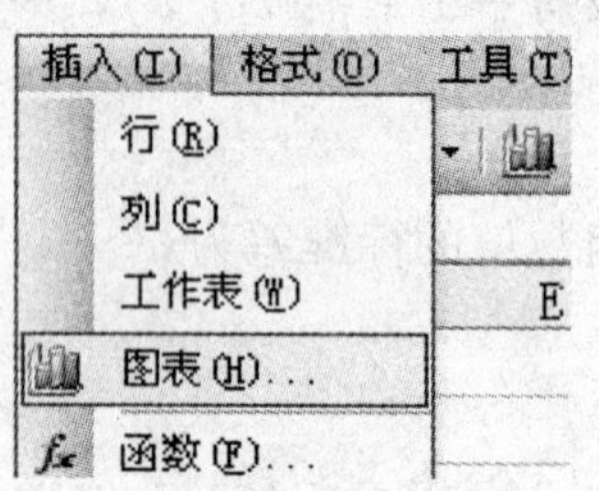

图 1—2—4 插入图表

步骤二 该向导打开时，默认选择柱形图类型，根据需要，可以选择其他图表类型。在本例中，选定后单击下一步，如图 1—2—5 所示。

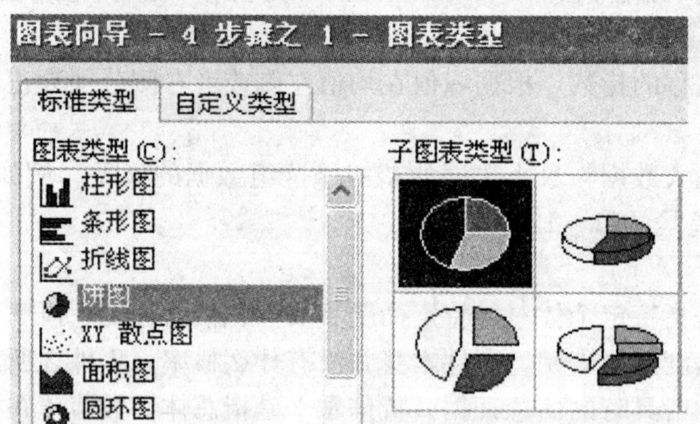

图 1—2—5 插入饼图

步骤三 单击数据编辑框，如图 1—2—6 所示。

图 1—2—6 数据编辑

步骤四 在工作表上用鼠标拖曳选定所需的数据和标志区，如图 1—2—7 所示。

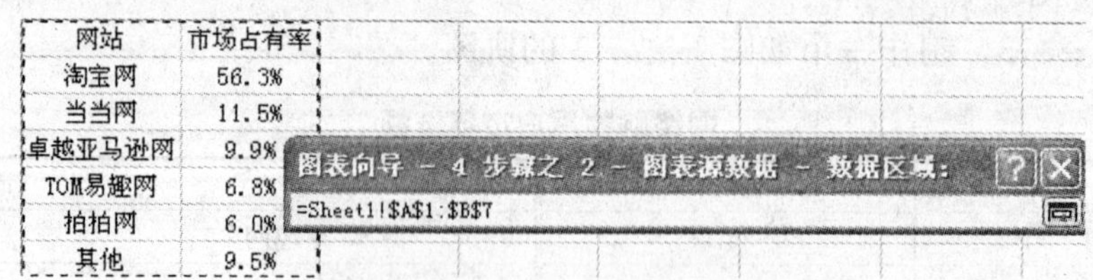

网站	市场占有率
淘宝网	56.3%
当当网	11.5%
卓越亚马逊网	9.9%
TOM易趣网	6.8%
拍拍网	6.0%
其他	9.5%

图 1—2—7 数据选定

步骤五　单击数据编辑框，返回图表向导，依次单击“下一步”“完成”，就可以完成一个基本的、没有修饰的饼图。

步骤六　在生成的饼图上单击右键，选择“数据系列格式”，如图 1—2—8 所示。在“图案”选项卡中边框选择自定义，颜色为蓝色，粗细选择较粗；“数据标志”选项卡中，勾选“类别名称、百分比、显示引导线”；“选项”选项卡中，第一扇起始角度设为“130°”，单击“确定”。

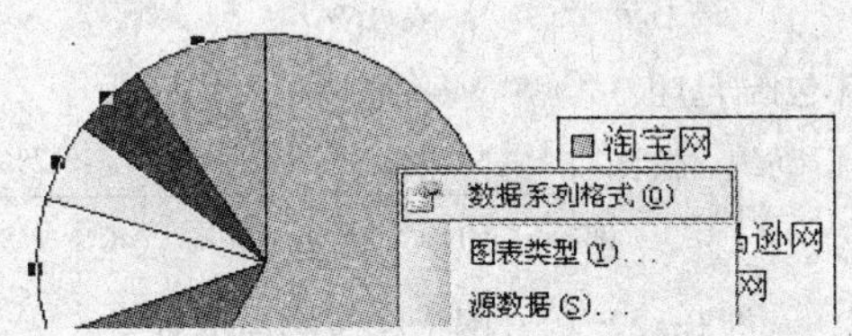

图 1—2—8　数据系列格式

步骤七　在图表区单击右键并选择“图表区格式”，如图 1—2—9 所示。然后将图案边框设为“无”，字号设为“10”。

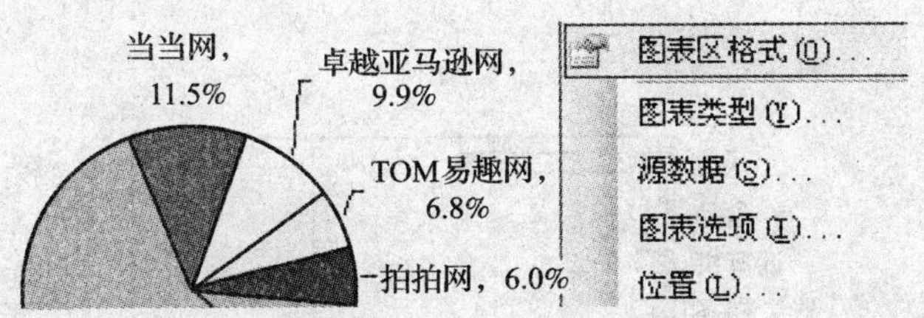

图 1—2—9　图表区格式

步骤八　在图表区单击右键并选择“图表选项”，然后清空图表标题，去掉“显示图例”前面的勾，单击“确定”。

步骤九　调整图表大小，完成饼图的制作。

案例二：条形图

根据表 1—2—4，制作一个如图 1—2—10 的条形图。

表 1—2—4　　**网上购买物品的种类**　　%

网上购买物品的种类	比例
纺织、服装	42
电子产品（不包括计算机）	18
书籍	16
家居 / 工艺品	6
影音档案	5
计算机	4
食品	1
其他	8

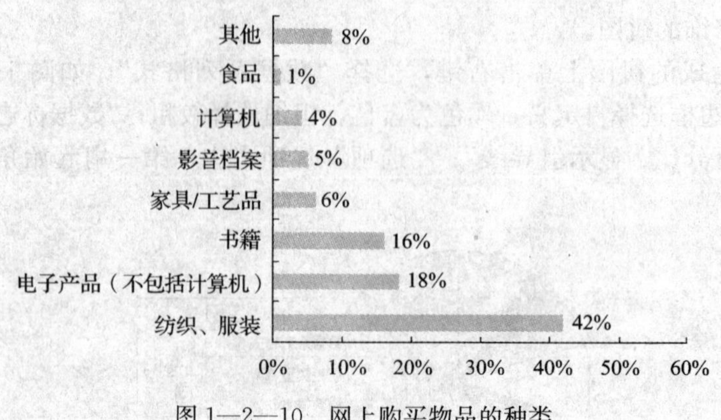

图 1—2—10　网上购买物品的种类

制作步骤如下：

步骤一　在“图表向导”的“图表类型”中选择条形图。

步骤二　完成一个基本的、没有任何修饰的条形图，如图 1—2—11 所示。

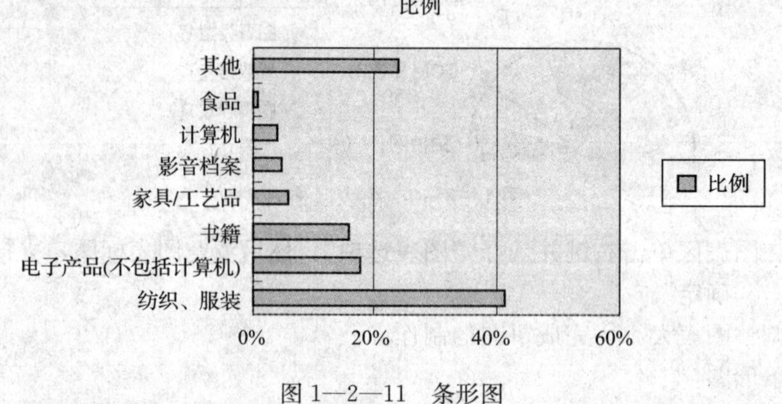

图 1—2—11　条形图

步骤三　“绘图区格式”边框设为“无”，区域设为“无”。

步骤四　“图表区格式”边框设为“无”，字号设为“10”。

步骤五　“图表选项”中清除标题，网格线“无”，不显示图例，数据标志选“值”。

步骤六　纵轴“坐标轴格式”图案自定义为较粗，对齐设为“0°”，横轴“坐标轴格式”图案自定义为较粗。

步骤七　“数据系列格式”边框设为“无”，颜色为“浅蓝色”。

步骤八　“数据标志格式”边框设为“无”，区域设为“无”，字体中颜色设为“蓝色”。

步骤九　调整图表大小，完成条形图的制作。

注：设置格式时，只要在相应位置双击或单击右键，再选择格式设置即可。

案例三：柱形图

根据表 1—2—5，制作一个如图 1—2—12 的柱形图。

表 1—2—5　　不同文化程度的上网率　　%

	2004	2005	2006	2007	2008
高中以下	26	32	37	43	44
高中	65	70	70	74	81
大专	90	80	85	98	86
大学本科	86	92	92	98	98
硕士、博士	100	94	100	97	98

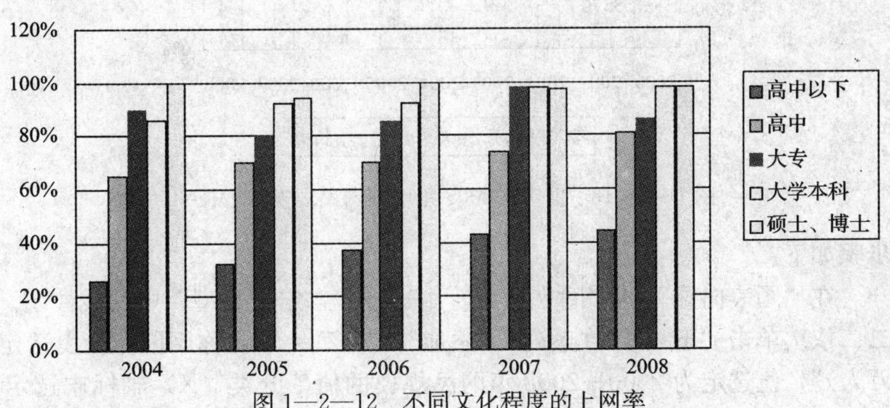

图 1—2—12　不同文化程度的上网率

制作步骤如下：

步骤一　在“图表向导”的“图表类型”中选择柱形图。

步骤二　完成一个基本的、没有任何修饰的柱形图。

步骤三　“绘图区格式”边框设为“无”，区域设为“无”。

步骤四　“图表区格式”边框设为“无”，字号设为“10”。

步骤五　“图表选项”中清除标题，网格线“无”，不显示图例，显示数据表及图例项标志。

步骤六　调整图表大小，完成柱形图的制作。

实例四：线柱图

根据表 1—2—6，制作一个如图 1—2—13 线柱图。

表 1—2—6　　2000—2008 年中国网民规模与增长率

年	网民规模（万人）	增长率（%）
2000	2 250	151
2001	3 370	49.78
2002	5 910	75.37
2003	7 950	34.52
2004	9 400	18.24
2005	11 100	18.09
2006	13 700	23.42
2007	21 000	53.28
2008	29 800	41.90

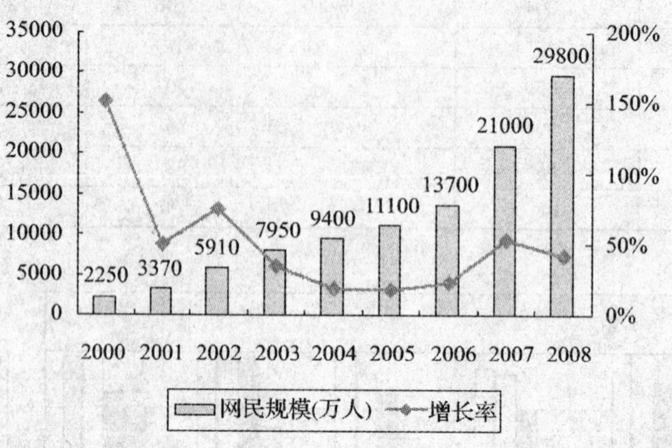

图 1—2—13　2000—2008 年中国网民规模与增长率

制作步骤如下：

步骤一　在“图表向导”的“图表类型”中选择“自定义类型”中的线柱图。

步骤二　依次单击“下一步”“系列”“添加”，“系列一”名称用鼠标拖曳选定设为“网民规模（万人）”，值选定为 2000—2008 年网民规模的值，分类（X）轴标志选定为 2000—2008 年。

步骤三　单击“添加”，系列二名称选定为“增长率”，值选定为 2000—2008 年的增长率的值，单击“下一步”，进入“图表选项”。

步骤四　在“坐标轴”选项卡“次坐标轴”下，勾选数值（Y）轴，如图 1—2—14 所示。然后网格线设为“无”，在底部显示图例，单击“完成”。

步骤五　“绘图区格式”边框设为“无”，区域设为“无”。

步骤六　“图表区格式”边框设为“无”，字号设为“10”。

步骤七　次坐标轴的“坐标轴格式”，刻度最大为“2”，主要刻度单位设为“0.5”。

步骤八　分类（X）轴的“坐标轴格式”中对齐设为“90°”。

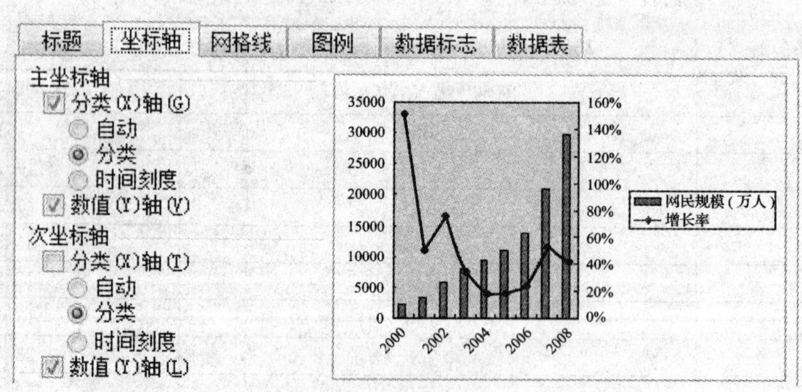

图 1—2—14　次坐标轴

步骤九　折线“数据系列格式”中，图案设为“自定义、粉红色、较粗”，数据标记设为“自定义、粉红色、菱形”，大小为“8”磅。

步骤十　柱形图“数据系列格式”中，内部为“浅蓝色”，数据标志选“值”，单击“确定”。

步骤十一　“数据标志格式”中，“字体”选项卡内，将字体颜色设为“蓝色”。

步骤十二　调整图表大小，完成线柱图的制作。

二、利用 Excel 工具进行数据的统计分析

加载 Excel 中的“数据分析”功能。

本功能需要使用 Excel 扩展功能，如果 Excel 尚未安装数据分析，应依次选择“工具”“加载宏”，如图 1—2—15 所示，在安装光盘中加载“分析数据库”，如图 1—2—16 所示。加载成功后，可以在“工具”下拉菜单中看到“数据分析”选项，如图 1—2—17 所示。

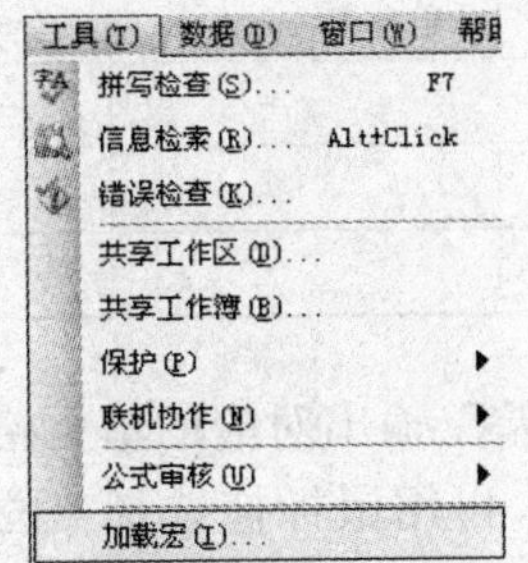

图 1—2—15　加载宏

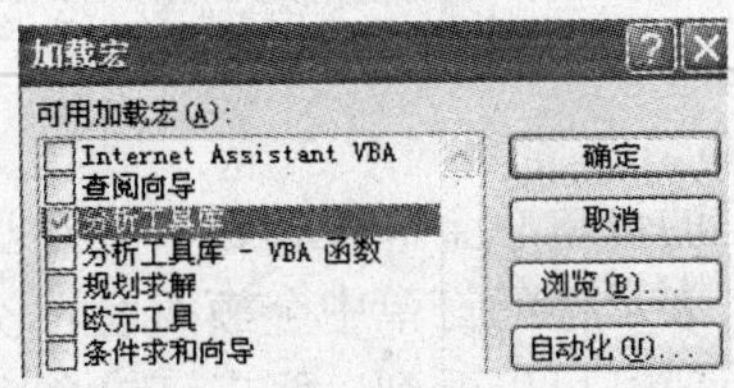

图 1—2—16　加载分析工具库

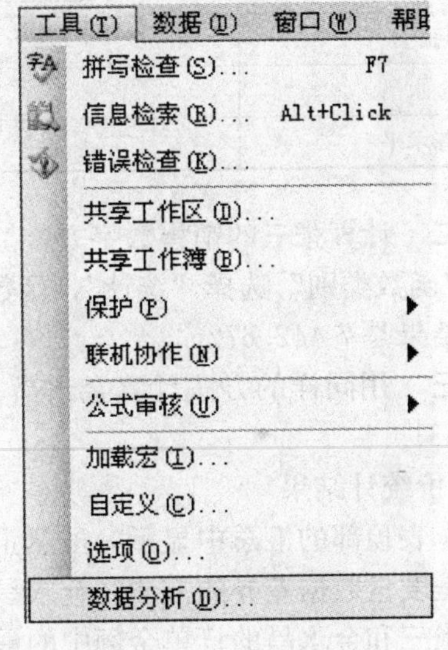

图 1—2—17　数据分析

案例五：对销售数据做描述统计

根据表 1—2—7，使用 Excel 做统计描述。要求：

1. 分别计算三名销售人员的订单数、订单总额和方差。
2. 评价统计结果。
3. 对三名销售人员的销售数字进行总体的统计描述。

表 1—2—7　　**销售数字统计表**　　元

销售人员	订单金额	销售人员	订单金额
张三	103.20	金永昌	312.00
张三	122.40	金永昌	340.00
张三	126.00	苏术平	88.00

续表

销售人员	订单金额	销售人员	订单金额
张三	210.00	苏术平	78.00
张三	310.00	苏术平	95.20
金永昌	60.00	苏术平	190.10
金永昌	88.00	苏术平	198.40
金永昌	110.00	苏术平	108.50

1. 分别计算三名销售人员的订单数、订单总额和方差

步骤一 在表1—2—8中，使用Excel分别计算三名销售人员的订单数、订单总额。

表1—2—8 销售数字统计分析表

销售人员	订单数	订单总额	方差
张三			
金永昌			
苏术平			

步骤二 计算张三的销售数字方差。选定张三“方差”输出对应的单元格后，单击函数fx图标，“函数类别”选择“统计”，函数选择“VAR”，再用鼠标拖选张三的销售数字。方差的计算结果是7 442.672。

步骤三 用同样的方法计算金永昌、苏术平的销售数字方差。计算结果分别是17 692和2 870.531。

2. 评价统计结果

在工作表顶部的汇总中显示，虽然张三与金永昌的订单总金额很相近，但方差却相差很多。方差是度量数据差异的方法。金永昌的方差较大表示他的订单中金额的差异较大。

查看张三和金永昌的订单金额中的最大值和最小值，可以看到，张三订单金额的数字变化范围是103.2元到310元，而金永昌订单金额的数字变化范围是60元到340元。由此可见，金永昌订单金额的变化范围较大，而其订单金额较大的方差也证明了这一点。

假设查看这些数字的销售经理对张三业绩的平稳性非常满意。他可能要求金永昌在小额订单上少花一些时间并分析大额订单，找出成功背后的秘密。

苏术平的订单数较多，但订单总金额和方差远远小于其他人。因此，与其他两名销售人员相比，不仅他的销售额少，而且他接到的订单金额也一直很小。苏术平的经理可能要求他向张三和金永昌学习，尝试并模仿他们的成功做法。

3. 对三名销售人员的销售数字进行总体的统计描述

步骤一 依次选择“工具”“数据分析”“描述统计”后，出现“属性设置”框。

步骤二 输入区域：原始数据区域，拖选三名销售人员的所有销售数字。选择“逐列”分组方式。

步骤三 如果数据有标志，注意勾选“标志位于第一行”；如果输入区域没有标志项，

该复选框将被清除，Excel 将在输出表中生成适宜的数据标志。

步骤四　输出区域可以选择本表、新工作表或是新工作簿。

步骤五　汇总统计：包括平均值、标准误差（相对于平均值）、中位数、众数、方差、峰度、偏度、最小值、最大值、总和和置信度等相关项目。统计描述结果见表 1—2—9。

表 1—2—9　　**统 计 描 述**

订 单 金 额	
平均	158.737 5
标准误差	22.830 75
中位数	116.2
众数	88
标准差	91.323
方差	8 339.891
峰度	−0.280 23
偏度	1.029 808
区域	280
最小值	60
最大值	340
求和	2 539.8
观测数	16
最大（1）	340
最小（1）	60
置信度（95.0%）	48.662 59

注意：

（1）上例中是对三名销售人员的销售数字进行总体的统计描述，也可以就三名销售人员的销售数字分别进行统计描述。

（2）上例只是举例说明统计分析方法，实际工作中，如果遇到几百、几千，甚至更多更复杂的数据时，才更能体现描述统计工具使用的意义。

案例六：线性回归分析

××财务软件公司在全国有许多代理商，为研究它的财务软件产品的广告投入与销售额的关系，统计人员随机选择 10 家代理商进行观察，收集到年广告投入费和月平均销售额的数据，并编制成表，根据表 1—2—10，使用 Excel 制作线性回归分析。要求：

表 1—2—10　　**广告投入与销售额**

序号	广告投入（万元）	月均销售额（万元）
1	12.5	21.2
2	15.3	23.9
3	23.2	32.9
4	26.4	34.1

续表

序号	广告投入（万元）	月均销售额（万元）
5	33.5	42.5
6	34.4	43.2
7	39.4	49
8	45.2	52.8
9	55.4	59.4
10	60.9	63.5

1. 对表中广告投入与销售额关系的10组对应数据，在Excel中，先制成散点图，再添加趋势线建立拟合直线。

2. 求出拟合直线的待定参数，同时可以得出R的值，也就是相关系数的大小，并且评价此拟合直线。

步骤一 选择表中广告投入与销售额关系的10组对应数据，依次选择“插入”“图表”“X、Y散点图”制成散点图。

步骤二 在数据点上单击右键，选择“添加趋势线”，并在“选项”标签下选“线性”，选择“显示公式”和“显示R平方值”，如图1—2—18所示，调整后可以得到拟合的直线，如图1—2—19所示。

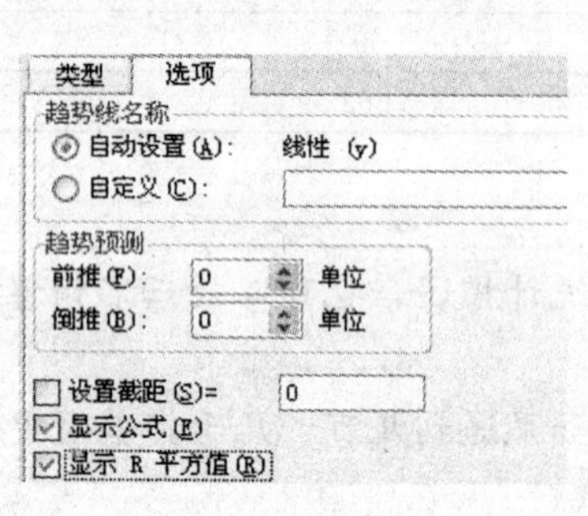

图1—2—18 趋势线选项

图1—2—19 趋势线

因为$R^2=0.988\,4$，所以这是一个线性特征非常明显的实验模型，具有很好的一般性，可以用于未来的广告投入费和月平均销售额的预测。

注意：

(1) 相关分析不分自变量和因变量，而回归分析必须先确定自变量和因变量。

(2) 相关分析只确定变量间的相关系数，而回归分析还要在此基础上找到数学模型。

(3) 相关与回归分析要在定性分析前提下进行，不能只进行数量的计算。

案例七：移动平均

移动平均是一种分析时间数列的工具，移动平均值的连线简称均线，常用于股价或交易量等变量变化趋势的分析。移动平均就是之前的连续n个数值的算术平均，公式为：

$$F_{t+1}=[X_t+X_{t-1}+X_{t-2}+\cdots+X_{t-(n-1)}]/n$$

生成新的时间数列 $\{F_{t+1}\}$，对原数列修匀，显示现象发展的基本趋势。

1. 计算表 1—2—11 中的实际销售额的三期移动平均数，了解实际销售额的基本走势。

2. 利用三期移动平均数预测 8、9 月的销售额。

表 1—2—11　　　　**移动平均**

月份	实际销售额	月份	实际销售额
1	40	6	75
2	70	7	80
3	65	8	
4	75	9	
5	50		

步骤一　打开原始数据表格。

步骤二　依次选择“工具”“数据分析”“移动平均”后，出现“属性设置”框，如图 1—2—20 所示。

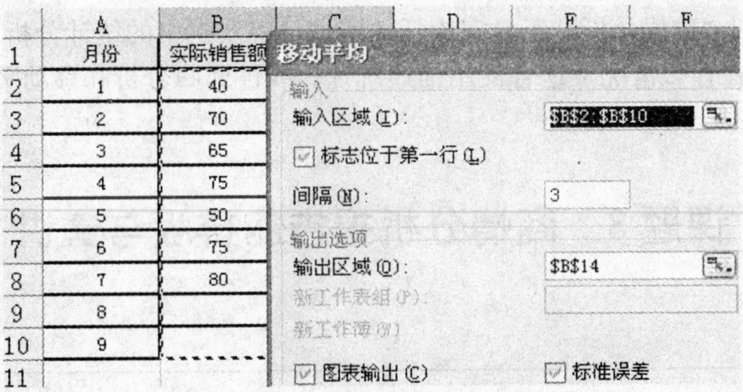

	A	B	C	D	E	F
1	月份	实际销售额				
2	1	40				
3	2	70				
4	3	65				
5	4	75				
6	5	50				
7	6	75				
8	7	80				
9	8					
10	9					
11						

移动平均
输入
输入区域(I)：$B$2:$B$10
☑标志位于第一行(L)
间隔(N)：3
输出选项
输出区域(O)：$B$14
新工作表组(P)：
新工作簿(W)
☑图表输出(C)　☑标准误差

图 1—2—20　移动平均选项

步骤三　输入区域：原始数据区域，可以包括预测区域，如上表中的 8、9 月。如果有数据标签可以选择“标志位于第一行”。

步骤四　输出区域：移动平均数值显示区域。

步骤五　间隔：指定使用几组数据来得出平均值。

步骤六　图表输出：原始数据和移动平均值会以图表的形式来显示，以供比较。输出图表后作适当调整，输出的移动平均值小数位数为 0，参考示例如图 1—2—21 所示。

步骤七　标准误差：实际数据与预测数据（移动平均数据）的标准差，用以显示预测与实际值的差距，数字越小则表明预测情况越好。

步骤八　从图 1—2—21 中三期均线看出，实际销售额总体呈平稳、略有增长的基本趋势；8 月与 9 月的销售额预计为 78、80。

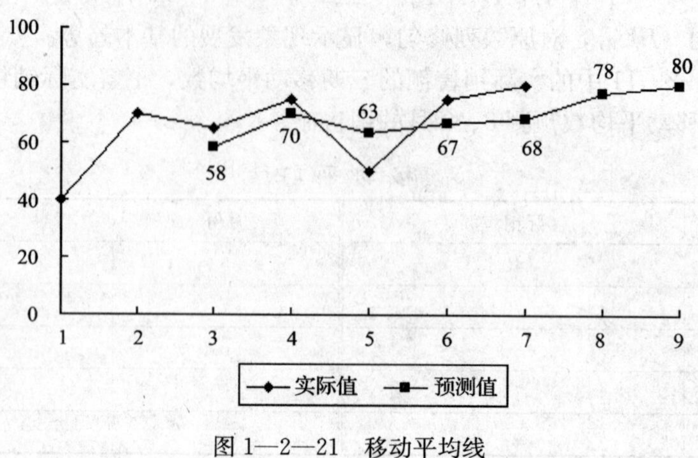

图 1—2—21　移动平均线

思考与练习

1. 完成实例一至实例四的图表制作。
2. 使用 Excel“数据分析”工具完成任务实训演练实例中的统计分析。
3. 思考分别在什么情况下适合使用描述统计、线性回归分析和移动平均？

课题 3　商情分析报告的排版与演讲

学习目标

能对一份商情分析报告进行规范的排版并做演讲说明。

课题引入

一份有价值的商情分析报告需要获得决策人的认可，除了深入的分析和翔实的数据之外，还应该注意报告的格式，这就需要对报告进行排版和美化。请同学们根据相关知识中的“商情分析报告排版的格式要求”，对所给商情分析报告文档，如教学资源包中的《腾讯电子宠物发展分析》（未排版）进行排版并完成课后实训。具体过程包括：清除格式，设置页面、字体、标题、段落，插入页码，自动生成目录，调整与校对。

相关知识

商情分析报告排版的格式要求

报告由封面、摘要、目录、正文、参考文献与附件和封底组成，以 A4 纸打印。具体格式要求如下：

1. 封面

封面以提供的模板为准。题名：题名中文字一般不超过 20 个字，题名居中，采用黑体三号字。如有副标题，应排在主标题下面并前空两字符采用黑体小三号字。

2. 摘要与关键词

字数为 100～500 字。"摘要" 两个字为标题一、居中，具体内容采用宋体五号字、1.5 倍行距。

3. 目录

"目录" 为标题一、居中。目录使用自动生成模式，二级目录。

4. 分析报告正文

页面设置为：A4 纸，单张打印，上下各 2 厘米，左 2.5 厘米，右 2.5 厘米，装订线为 0.5 厘米，页眉距边界 1.2 厘米，页脚距边界 1.5 厘米。

正文字体设置为宋体五号字。

段落设置为：两端对齐，左右缩进 0 字符，段前段后 0 字符，首行缩进 2 字符，1.5 倍行距。自正文第一页从 1 开始插入页码，居中。

正文应根据不同的内容，采用合适的结构顺序和结构层次，组织好段落，安排好材料。章、节、小节等分别以 "1" "1.1" "1.1.1" "1.1.2" 或 "一、" "（一）" "1" "（1）" 等数字格式依次标出。第一层次标题格式为标题一，居中，第二层次标题格式为标题二，居左。

对正文中图、附表、公式的要求：

（1）图，由 "图" 和从 1 开始的阿拉伯数字组成，例如 "图 1" 等。图的编号应一直连续到参考文献之前。只有一幅图时，仍应标为 "图 1"。图应有图题，置于图的编号之后，图的编号和图题置于图下方居中的位置。

（2）表，由 "表" 和从 1 开始的阿拉伯数字组成，如 "表 1" "表 2" 等。表的编号应一直连续到参考文献之前。只有一个表时，仍应标为 "表 1"。表应有表题，置于表的编号之后，表的编号和表题置于表上方的居中位置。

（3）公式，采用阿拉伯数字分章依序编排，如 "式（2—13）" "式（4—5）"（其中 2、4 为章的编号，13、5 为该章中公式编号），其标注应于该公式所在行的最右侧。公式书写方式应在文中相应位置另起一行居中横排，较长的公式，只可在运算符号（＋、－、×、／、≤、≥等）后转行。

如图表较多，可以分别列出清单，置于目录页后或附件中。图表的清单应有序号、图（表）题和页码。

5. 参考文献与附件

参考文献四个字格式设为标题一，居中，所列的参考文献一般依次为书籍、期刊、电子文献等。各种参考文献类型和标志代码见表 1—3—1。

表 1—3—1　　文献类型和标志代码

参考文献类型	专著	论文集	报纸文章	期刊文章	学位论文	报告	标准	专利
文献类型标志	M	C	N	J	D	R	S	P

参考文献的著录项：主要责任者、文献题名［文献类型标志］、出版地、出版者、出版年、起止页码，详见《文后参考文献著录规则》(GB/T 7714—2005)。

示例如下：

［1］章晓君，陈全胜．高级财务管理［M］．北京：高等教育出版社，2006，15－18.

［2］何好斌．物流系统分析［J］．中国经济研究，2008（3），167－173.

［3］王明志．数据库系统工程的进展［EB/OL］. http://www. cajcd. edu. cn/pub/wml. txt/980810－2. html,2008－08－16.

如果有附件，在参考文献后添加。标题为“附件 1”“附件 2”等，格式设置同摘要。

6．装订的顺序

装订的顺序依次为：封面、目录、正文（致谢）、参考文献、附件、封底。

实训演练

实训项目 1　完成所给报告的排版

一、实训内容

打开资料包中文档《腾讯电子宠物发展分析》(未排版)，在 Word 中进行排版。

二、实训操作步骤提示

1．清除格式

步骤一　打开这篇分析报告，依次选择“工具”“选项”，如图 1—3—1 所示。

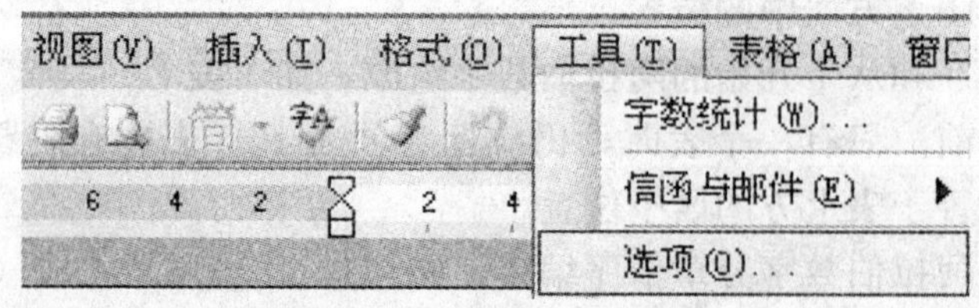

图 1—3—1　工具选项

步骤二　在选项卡中，“格式标记”勾选“全部”，如图 1—3—2 所示。

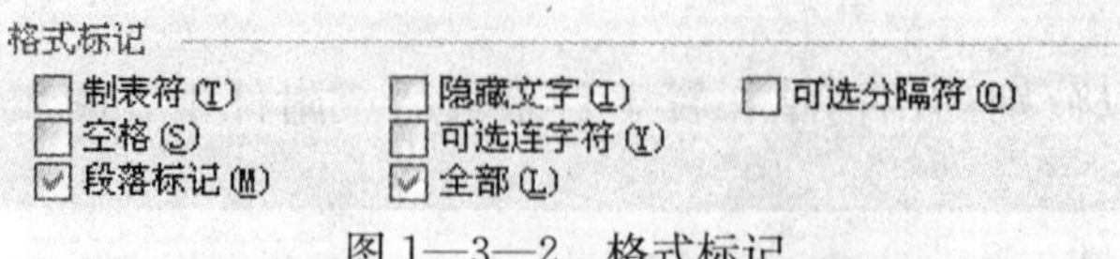

图 1—3—2　格式标记

注：选择显示全部格式标记后，可以对文档的结构看得更清楚。

步骤三　依次选择“编辑”“全选”。

步骤四　依次选择“编辑”“清除”“格式”，准备重新排版，如图 1—3—3 所示。

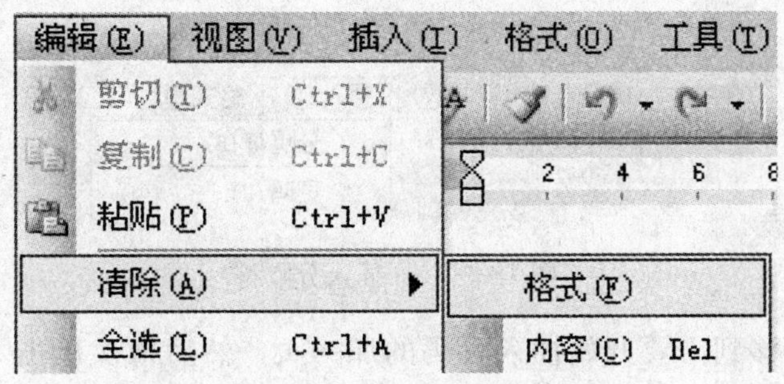

图 1—3—3　清除格式

步骤五　仔细检查清除格式后的文档中的格式标记、标点符号、空格、隐藏文字、换行等，要处理干净。

2. 设置页面、字体、标题、段落

步骤一　依次选择“文件”“页面设置”，将“页边距”设为：上下各 2 厘米，左 2.5 厘米，右 2.5 厘米，装订线为 0.5 厘米，“纸张”设为 A4 纸，“版式”中设置页眉距边界 1.2 厘米，页脚距边界 1.5 厘米，如图 1—3—4 所示。

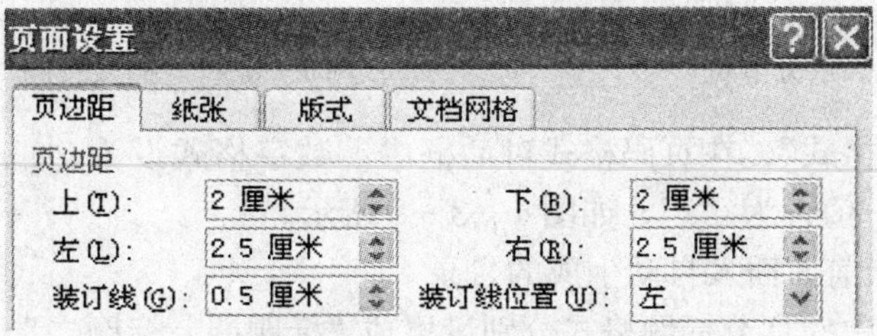

页面设置
页边距　纸张　版式　文档网格
页边距
上(T)：2 厘米　下(B)：2 厘米
左(L)：2.5 厘米　右(R)：2.5 厘米
装订线(G)：0.5 厘米　装订线位置(U)：左

图 1—3—4　页面设置

步骤二　依次选择“编辑”“全选”。

步骤三　依次选择“格式”“字体”，字体设置为宋体五号字。

步骤四　标题设置，第一层次标题格式为标题一、居中，第二层次标题格式为标题二、居左。

步骤五　在第一层次标题前依次选择“插入”“分隔符”“分页符”。

步骤六　依次选择“格式”“段落”，段落设置为：两端对齐，左右缩进 0 字符，段前段后 0 字符，首行缩进 2 字符，1.5 倍行距。

3. 在分析报告正文第一页开始插入页码，并且起始页码是 1

当编辑一篇长文档或一本书时，前面几页往往是封面、序言、目录，这几页是不需要页码的，或者要单独计算页码。有时候每章需要插入不同的“页眉和页脚”，如果将前面几页分别制作成独立的 Word 文档，可以避免这个问题，但是这样一来这个文档就不是一本完整的书了。这时，只要学会使用“分节符”就可以解决了。

步骤一 把光标移到需要开始插入页码的前一页的末端，然后依次单击“插入”“分隔符”，如图 1—3—5 所示。“分节符类型”设为“下一页”，单击“确定”，如图 1—3—6 所示。

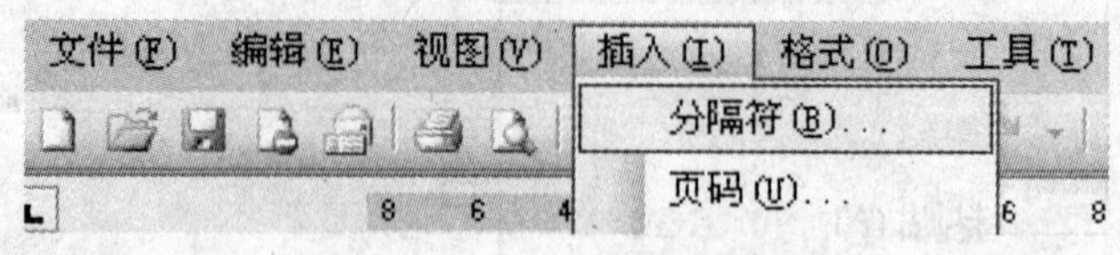

图 1—3—5 插入分隔符

步骤二 把光标移到需要开始插入页码的那一页，然后依次单击“插入”“页码”后，出现页码设置对话框，位置设为“页面底端”，对齐方式为“居中”，如图 1—3—7 所示。

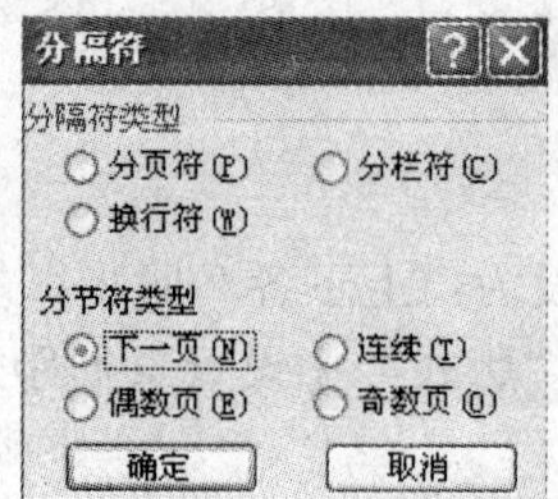

图 1—3—6 插入分节符

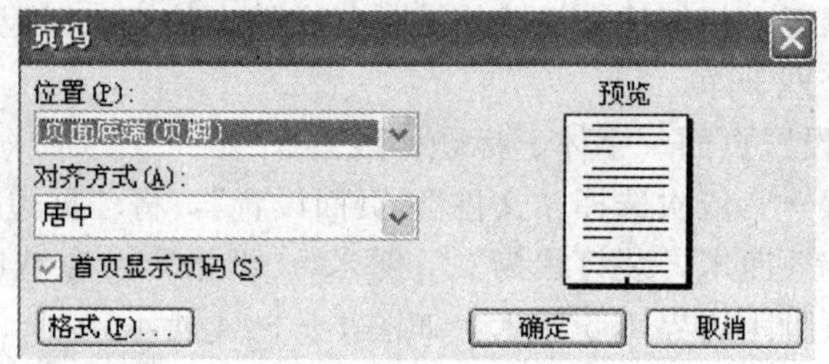

图 1—3—7 插入页码

步骤三 单击“格式”，在页码格式对话框中，数字格式设为“1，2，3，…”，页码编排中选“起始页码”，值设为“1”，如图 1—3—8 所示。

4. 在 Word 文档前面插入自动生成的目录

步骤一 将正文中的章节标题格式分别设置成“标题一、标题二”后，光标移到在文档前的目录页，依次单击“插入”“引用”“索引和目录”，如图 1—3—9 所示。

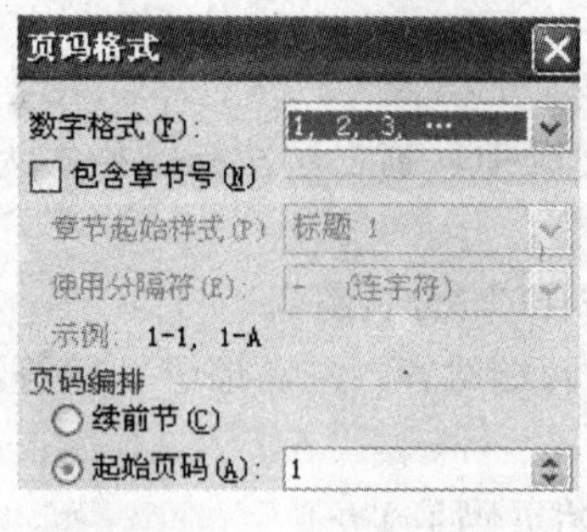

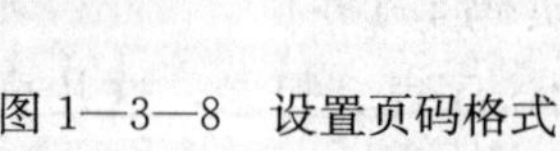

图 1—3—8 设置页码格式

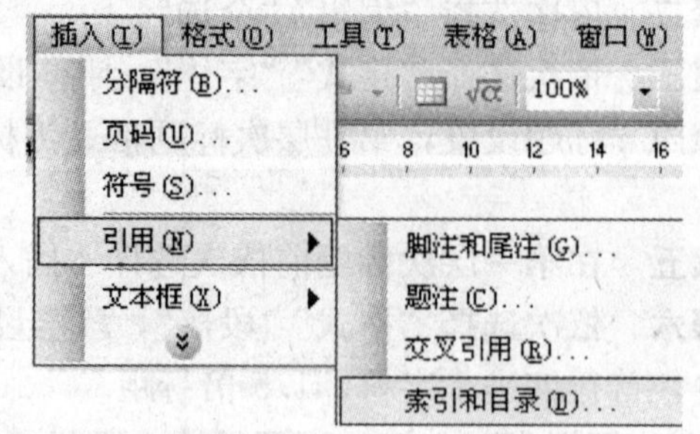

图 1—3—9 插入索引和目录

步骤二 在“索引和目录”下的“目录”选项卡中，显示级别设为“2”，单击“确定”，就可以在指定位置自动生成目录，如图 1—3—10 所示。

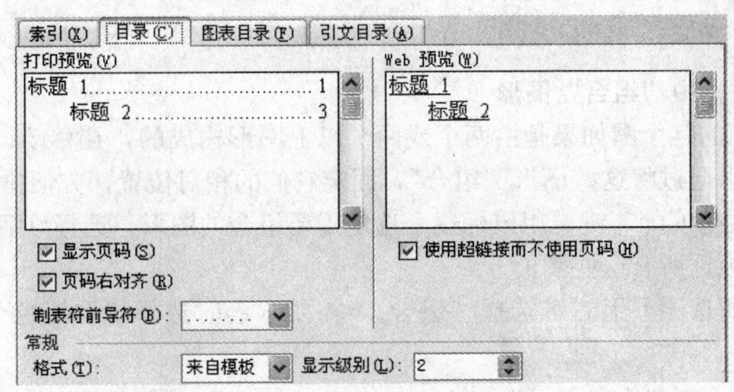

图 1—3—10　设置目录

5. 调整与校对

对文档中的图表编号、公式、参考文献等按前面相关知识的要求进行处理，再仔细校对。

将完成排版的文档，与资料包中文档《腾讯电子宠物发展分析》（已排版）进行比较，并做进一步的调整与美化。

实训项目 2　完成《大学生就业市场分析》的报告并演讲

一、实训情景

在任课教师的指导下，对当前大学生就业市场进行调研，并就本专业的就业情况进行分析。

二、实训操作步骤

1. 当前大学生就业市场概况调研。

通过网络搜索当前大学生就业市场的相关信息。

2. 大学生就业供需分析

步骤一　调研中国近 30 年来的人口出生数量、参加高考人数、高校录取人数、高校毕业生人数的变化情况。

步骤二　调研市场对大学生的需求数量与素质要求。

步骤三　对当前大学生就业市场进行趋势分析。

3. 本专业就业市场调研与前景分析

步骤一　调研本专业就业市场的供需情况。

步骤二　调研本校本专业过去毕业生的就业状况。

步骤三　对自己所学专业的就业前期进行趋势分析。

4. 小组合作完成一篇《大学生就业市场分析》报告

5. 将《大学生就业市场分析》报告制作成 PPT，并由组长在班级演讲说明

知识链接

一、Word 文档中“组合”图形

Word 文档中的某个图如果是由两个或两个以上图形构成的，在移动、排版后常常会出现偏差，这时可以通过将这些图形“组合”，固定它们的相对位置，方便排版。

步骤一 按住“Ctrl”键，用鼠标逐个选定需要组合的图形，选择好后松开“Ctrl”键，或者用鼠标直接拖选所有这些图形。

步骤二 在所选图形上右键选择“组合”，需要取消时选择“取消组合”，如图 1—3—11 所示。

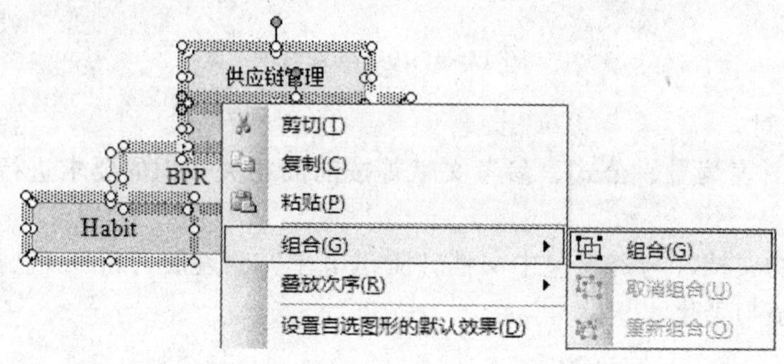

图 1—3—11 组合图形

二、截取和处理图片

文档中常常需要引用图片或计算机屏幕上出现的内容，但是，有时候图片太大或是尺寸色彩不符合要求，可以采取下列方法处理。

1. 整屏截取

步骤一 打开所需页面或图片，按键盘右上角 Print Screen 键（或按 F_n ＋Print Screen 组合键）截屏，将结果粘贴到文档指定位置。

步骤二 适当调整大小。

2. 部分截取

步骤一 打开所需页面或图片，整屏截取。

步骤二 打开 Windows 下“开始→程序→附件”内的“画图”程序，选择“编辑→粘贴”。

步骤三 单击画图软件左侧工具栏的“选定”按钮，如图 1—3—12 所示。

步骤四 在屏幕上按住左键不放用矩形框拖选出截图区域，在选出的截图区域单击右键，选择“复制”，如图 1—3—13 所示，将结果粘贴到文档指定位置。

3. 利用 QQ 截屏工具截取图片

步骤一 登录 QQ。

步骤二 打开所需图片或页面。

步骤三 同时按下“Ctrl＋Alt＋A”组合键，在屏幕上按住左键不放用矩形框拖选出截

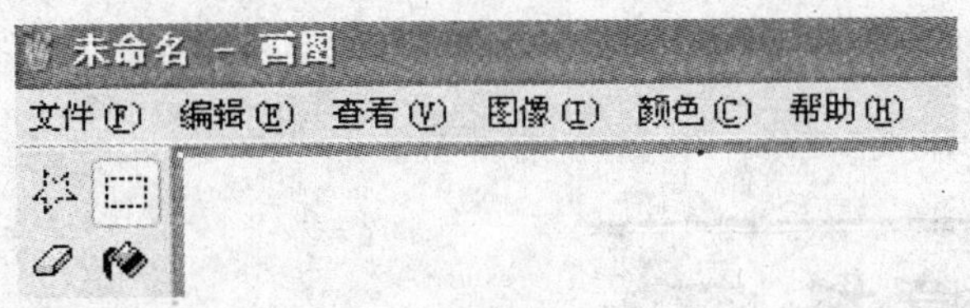

图 1—3—12　图片选定

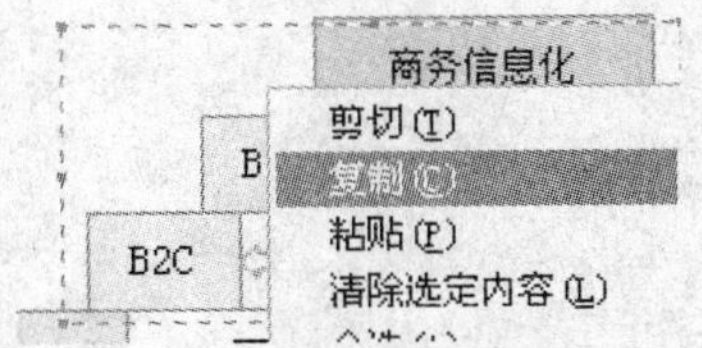

图 1—3—13　图片截取

图区域，如图 1—3—14 所示。截屏时注意左上方调整图片像素大小的数字。

步骤四　在截图区域点右键，选择“复制并退出截图”，将结果粘贴到文档指定位置，如图 1—3—15 所示。也可以选择“另存为”，格式选择为“jpg”格式，将截取图片作为独立的图片文件保存到另外一个位置。

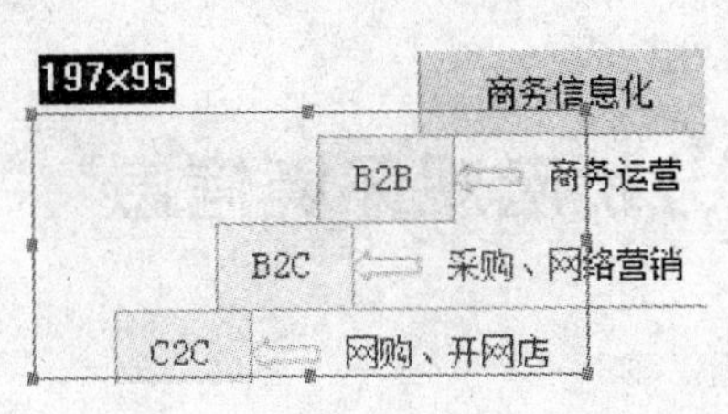

图 1—3—14　QQ 截屏

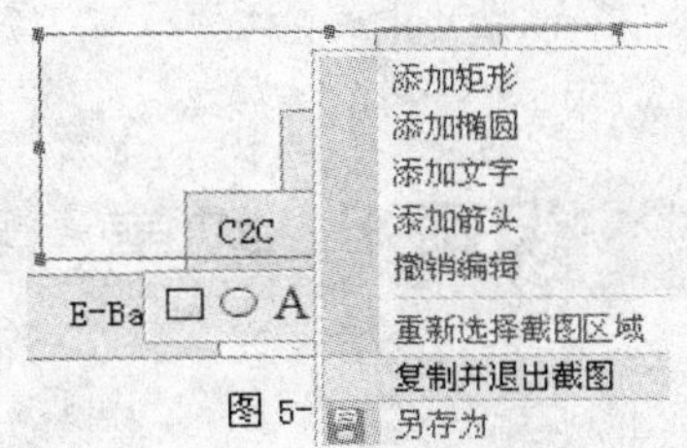

图 1—3—15　复制图片

注意：

(1) 对于体积较大的数字照片，可以采用先整屏截取，再用画图软件裁剪的方法。也可以采用 QQ 截屏的方法，这样截取出来的图片在基本保持了原有图片清晰度的同时，体积一般可以缩小到 100 k 以下。

(2) 调整和编辑图片，可以在图片管理软件，如 Microsoft Office 工具下的 Microsoft Office Picture Manager 中进行；也可以在专业图像处理软件，如 Photoshop 中对图片进行编辑处理。

(3) 对于截图中的多余内容，可以在“画图”中，“选定”然后“清除”。

(4) 截屏工具还有许多，如阿里旺旺、遨游浏览器、Windows Vista 中的截屏工具、专业的截屏软件等。

思考与练习

1. 完成分析报告《腾讯电子宠物发展分析》(未排版) 的封面、排版。
2. 如何设置页眉和页脚？不同章节如何设置不同的页眉和页脚？

模块二

分析宏观市场环境

课题1 收集、整理、分析宏观环境信息

学习目标

1. 能够调研公司所处的宏观市场环境，分析宏观环境的需要和趋势。
2. 能够对影响企业的主要宏观市场环境因素进行监视和反应。

课题引入

本课题要求学生认识什么是宏观环境分析，在进行宏观环境分析时需要考虑哪些要素。在此基础上，完成实训演练的具体项目。

相关知识

一、宏观市场环境调查的界定

通过阅读上面的分析报告案例，可以看出宏观市场环境调查是指对影响企业生产经营活动的外部因素所进行的调查，即从宏观上了解和把握企业运营的外部影响因素及产品的销售条件等。

对企业而言，宏观市场环境调查的内容基本上属于不可控制的因素，包括政治、经济、社会文化、技术、法律和竞争等，它们对所有的相关企业的生产和经营都产生巨大的影响。因此，每一个企业都必须对主要的环境因素及其发展趋势进行深入细致的调查研究。

对某个企业而言，宏观市场环境分析常常表现为行业分析报告。

二、宏观环境分析的内容与方法

宏观环境又称一般环境，是指影响一切行业和企业的各种宏观力量。对宏观环境因素作分析，不同行业和企业根据自身特点和经营需要，分析的具体内容会有差异，但一般都应对政治（Political）、经济（Economic）、社会（Social）和技术（Technological）这四大类影响企业的主要外部环境因素进行分析。也可以称为PEST分析。

1. 政治法律环境

政治环境包括一个国家的社会制度，执政党的性质，政府的方针、政策、法律等。

不同的国家有着不同的社会性质，不同的社会制度对组织活动有着不同的限制和要求。即使社会制度不变的同一国家，在不同时期，由于执政党的不同，其政府的方针特点、政策倾向对组织活动的态度和影响也会有所变化。

2. 经济环境

经济环境主要包括宏观和微观两个方面的内容。

宏观经济环境主要指一个国家的人口数量及其增长趋势，国民收入、国民生产总值、国家宏观经济政策、市场利率及汇率的波动及其变化情况，以及通过这些指标能够反映的国民经济发展水平和发展速度。

微观经济环境主要指企业所在地区或所服务地区的消费者的收入水平、消费偏好、储蓄情况、就业程度等因素。这些因素直接决定着企业目前及未来的市场大小。

3. 社会文化环境

社会文化环境包括一个国家或地区的居民教育程度和文化水平、宗教信仰、风俗习惯、审美观点、价值观念等。

文化水平会影响居民的需求层次，宗教信仰和风俗习惯会禁止或抵制某些活动的进行，价值观念会影响居民对组织目标、组织活动以及组织存在本身的认可与否，审美观点则会影响人们对组织活动内容、活动方式以及活动成果的态度。

4. 技术环境

技术环境除了要考察与企业所处领域的活动直接相关的技术手段的发展变化外，还应及时了解国家对科技开发的投资和支持重点，该领域技术发展动态和研究开发费用总额，技术转移和技术商品化速度，专利及其保护情况，等等。

三、主要宏观经济政策对企业运营的影响

1. 税收政策

2008年1月1日，我国的《企业所得税法》及其实施条例同时施行。该法将企业所得税税率从33%降到了25%，规定小型微利企业的税率为20%，对高新技术企业设定了15%的优惠税率等。

企业所得税率下调，为企业提供了更多利益空间。《企业所得税法》还免去了多项对外资企业的优惠，为国内企业提供了公平的竞争环境。

对于内资企业，由于税率从33%下调到25%，税前扣除也将更加优惠，税后利润将明显增加。仅考虑企业所得税率变动的影响，企业税后利润将增加11.9%。从行业情况看，目前实际税负明显高于25%的11大行业税后利润提高的幅度最大。所得税率下调至25%

后，2008 年上市公司赢利提高 6 个百分点，零售、饮料、银行、煤炭等行业受益明显。

2. 利率政策

利率政策是各国中央银行调控货币供求，进而调控经济的主要手段。利率是决定投资的重要指标。假如利率上升，银行存款会增加，企业贷款成本增加，投资便会减少，造成国民收入的减少。

名义与真实利率：名义利率是以在借款期间获得或支付利息的数额计算的利息。假设一个家庭把 1 000 元存进银行 1 年，并获得 100 元的利息。在年底其结余是 1 100 元，其名义利率则是每年 10%。

真实利率计算了所获得利息的购买力，是把名义利率以通胀率作调节。如果该年的通胀率是 10%，在年底账户里的 1 100 元，只能与 1 年前的 1 000 元购买相同数量的货品，因此其真实利率是 0%。

3. 汇率政策

汇率是国际贸易中最重要的调节杠杆。一个国家生产的商品一般是按本国货币来计算成本的，要拿到国际市场上竞争，其商品成本一定会与汇率相关。汇率的高低也就直接影响该商品在国际市场上的成本和价格，直接影响商品的国际竞争力。

例如，某中国企业生产了一件价值 100 元人民币的商品，如果美元对人民币汇率为 8.25，则这件商品在国际市场上的价格就是 12.12 美元。如果美元汇率涨到 8.50，也就是说美元升值，人民币贬值，则该商品在国际市场上的价格就是 11.76 美元。商品的价格降低，竞争力增强，肯定好卖，从而刺激该商品的出口。反之，如果美元汇率跌到 8.00，也就是说美元贬值，人民币升值，则该商品在国际市场上的价格就是 12.50 美元。高价商品肯定不好销，必将打击该商品的出口。

中国自 2005 年 7 月汇改以来，人民币对美元保持持续升值的态势。2008 年 4 月 10 日，美元兑人民币的汇率首度“破 7”，2009 年以来稳定在 6.82 左右。

人民币升值会增加中国出口商品在国际市场上的成本，打击中国商品的竞争力，并反过来刺激中国大量进口他国的商品。

正是由于汇率的波动会给进出口贸易带来如此大范围的波动，因此很多国家和地区都实行相对稳定的货币汇率政策。中国的进出口额稳步增长，在很大程度上得益于稳定的人民币汇率政策。

实训演练

实训项目　企业宏观环境分析

一、实训内容

学生可以在任课教师的指导下，选择自己熟悉或感兴趣的行业或企业，参考下面实训操作步骤进行宏观环境分析。

二、实训操作步骤

步骤一　确定选定的企业类型和所处行业。

步骤二　拟订宏观信息收集、整理和分析的行动方案。（提示：收集的方式，整理的方法，分析的思路）

步骤三　开展宏观信息的收集、整理和分析。

（一）收集、整理宏观环境信息

宏观环境信息一般应对政治、经济、技术和社会这四大影响企业的主要外部环境因素进行分析。

1. 收集资料

通过平时积累、走访调查或通过搜索引擎收集以下与所选企业相关的宏观环境信息资料：

（1）政府机关、证券交易所、金融机构公布的统计资料。

登录中国国家统计局网站 www. stats. gov. cn，单击查看统计公报和统计数据，了解中国宏观经济数据相关信息。

（2）公开出版的期刊、文献杂志、书籍、研究报告等。

（3）市场研究机构、咨询机构、广告公司等公布的资料。

（4）行业协会公布的行业资料、竞争企业的产品目录、企业网站、产品说明书及公开的宣传资料。

（5）政府公开发布的有关政策、法规、条例规定以及规划、计划等。

2. 整理资料

资料收集后，由于资料数量大、质量良莠不齐，应在使用前对这些资料进行筛选、评估，排除不可靠的资料，并将资料整理成一致的格式，分类放置，以便进一步分析。

为了方便查阅，对挑选出的资料最好通过编写摘要的方式进行记录，对资料的名称也应该简洁、明确，以备撰写调查报告时方便查找。

（二）分析税收政策对所选企业、行业的影响

练习：

登录搜索引擎如百度网站（www. baidu. com），以“所选行业”“税收政策”“所选企业”“财政政策”“货币政策”“行业协会”等为关键词进行搜索，浏览相关信息。

（三）分析利率政策对所选行业的影响

练习：登录中国人民银行网站（www. pbc. gov. cn），进入货币政策页面，浏览相关信息，并利用搜索的相关信息，分析贷款利率调整对所选企业、行业的影响。

（四）分析汇率政策对所选行业的影响

练习：登录中国银行网站（www. boc. cn），进入外汇、存贷款利率页面，浏览相关信息。

思考：对于汇率调整与宏观环境带来的压力，作为企业应该如何化解危机，稳定发展？

（五）分析宏观市场环境对所选企业发展的影响

参考以上说明，收集、整理、分析宏观环境及所选企业背景信息，所选企业所处的行业市场进行调研，分析宏观环境与该行业发展趋势。

思考与练习

1. 对企业经营产生影响的宏观环境因素有哪些？
2. 如何进行宏观市场环境调查？

课题 2　收集、分析行业背景信息

学习目标

1. 使用波特五力分析模型分析公司的行业市场环境。
2. 通过波特五力分析模型确立公司的一般竞争战略。

课题引入

本课题要求在任课教师的指导下，完成前一课题中学生自己所选取的熟悉或感兴趣的企业，继续进行行业背景分析：

1. 使用波特五力分析模型分析所选企业的行业市场环境。
2. 通过波特五力分析模型确立所选企业的一般竞争战略。

相关知识

一、行业信息的要素

波特五力分析模型是由哈佛大学商学研究院著名教授迈克尔·波特提出的，迈克尔·波特对于竞争战略理论作出了非常重要的贡献，“五种竞争力量”分析产业环境的结构化方法就是他的杰出思想。该分析模型对企业战略制定产生全球性的深远影响。用于竞争战略的分析，可以有效地分析企业的竞争环境。

迈克尔·波特认为：外部环境对公司战略行为起着决定性的影响，即一家公司所在的行业比管理者作出的组织内部决定对公司的影响更大。公司的业绩主要决定于所在行业的特征，包括规模经济、市场进入障碍、多元性、产品差异化以及公司集中度。

竞争的五种力量模型可以帮助公司理解行业的利润前景和行业结构特点，从而采取相应的战略，确定竞争地位。

波特五力分析模型（Michael Porter's Five Forces Model），又称波特竞争力模型。

波特五力分析模型中的五力分别是：供应商的讨价还价能力、购买者的讨价还价能力、潜在竞争者进入的能力、替代品的替代能力、行业内竞争者现在的竞争能力。五种力量的不同组合变化最终影响行业利润潜力变化，如图 2—2—1 所示。

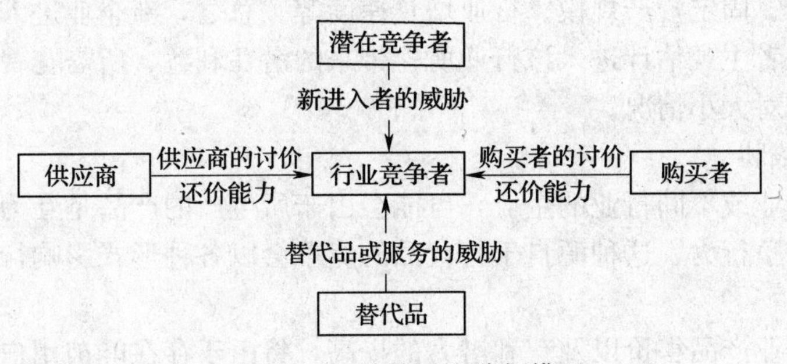

图 2—2—1　波特五力分析模型

1. 供应商的议价能力

供方主要通过其提高投入要素价格与降低单位价值质量的能力，来影响行业中现有企业的赢利能力与产品竞争力。一般来说，满足如下条件的供方会具有比较强大的讨价还价力量：

（1）供方行业为一些具有比较稳固市场地位而且不受市场激烈竞争困扰的企业，其产品的买主很多，以至于每一单个买主都不可能成为供方的重要客户。

（2）供方各企业的产品具有一定特色，以至于买主难以转换或转换成本太高，或者很难找到可与供方企业产品相竞争的替代品。

（3）供方能够方便地实行前向联合或一体化，而买主难以进行后向联合或一体化，即俗话说的店大欺客。

2. 购买者的议价能力

购买者主要通过其压价与要求提高产品或服务质量的能力，来影响行业中现有企业的赢利能力。一般来说，满足如下条件的购买者可能具有较强的讨价还价力量：

（1）购买者的总数较少，而每个购买者的购买量较大，占卖方销售量的很大比例。

（2）卖方行业由大量相对来说规模较小的企业所组成。

（3）购买者购买的基本上是一种标准化产品，同时向多个卖主购买产品在经济上完全可行。

（4）购买者有能力实现后向一体化，而卖主不可能前向一体化。即俗话说的客大欺主。

3. 新进入者的威胁

新进入者在给行业带来新生产能力、新资源的同时，也希望在已被现有企业瓜分完毕的市场中赢得一席之地，这就有可能会与现有企业发生原材料与市场份额的竞争，最终导致行业中现有企业盈利水平降低，严重的话还有可能危及这些企业的生存。新进入威胁的严重程度取决于两方面因素，即进入新领域的障碍大小与预期现有企业对于进入者的反应情况。

进入障碍主要包括规模经济、产品差异、资本需要、转换成本、销售渠道开拓、政府行为与政策（如国家综合平衡统一建设的石化企业）、不受规模支配的成本劣势（如商业秘密、产供销关系、学习与经验曲线效应等）、自然资源（如冶金业对矿产的拥有）、地理环境（如造船厂只能建在海滨城市）等方面，其中有些障碍很难借助复制或仿造的方式来突破。预期现有企业对进入者的反应情况，主要是采取报复行动的可能性大小，这取决于有关厂商的财力情况、报复记录、固定资产规模、行业增长速度等。总之，新企业进入一个行业的可能性大小，取决于进入者主观估计进入该行业所能带来的潜在利益、所需花费的代价与所要承担的风险这三者的相对大小情况。

4. 替代品的威胁

两个处于同行业或不同行业的企业，可能会由于所生产的产品是互为替代品，从而在它们之间产生相互竞争行为，这种源自于替代品的竞争会以各种形式影响行业中现有企业的竞争战略。

第一，现有企业产品售价以及获利潜力的提高，将由于存在能被用户方便接受的替代品而受到限制。

第二，由于替代品生产者的侵入，使得现有企业必须提高产品质量，或者通过降低成本来降低售价，或者使其产品具有特色，否则其销量与利润增长的目标就有可能受挫。

第三，源自替代品生产者的竞争强度，受产品买主转换成本高低的影响。

总之，替代品价格越低、质量越好、用户转换成本越低，其所能产生的竞争压力就强。这种来自替代品生产者的竞争压力的强度，可以具体通过考查替代品销售增长率、替代品厂家生产能力与赢利扩张情况来加以描述。

5. 同业竞争者的竞争程度

大部分行业中的企业，相互之间的利益都是紧密联系在一起的，作为企业整体战略一部分的各企业竞争战略，其目标都在于使得本企业获得相对于竞争对手的优势。所以，在实施中就必然会产生冲突与对抗现象，这些冲突与对抗就构成了现有企业之间的竞争。现有企业之间的竞争常常表现在价格、广告、产品介绍、售后服务等方面，其竞争强度与许多因素有关。

一般来说，出现下述情况将意味着行业中现有企业之间竞争的加剧，这就是：行业进入障碍较低，势均力敌的竞争对手较多，竞争参与者范围广泛；市场趋于成熟，产品需求增长缓慢；竞争者企图采用降价等手段促销；竞争者提供几乎相同的产品或服务，用户转换成本很低；一个战略行动如果取得成功，其收入相当可观；行业外部实力强大的公司在接收了行业中实力薄弱的企业后，发起进攻性行动，结果使得刚被接收的企业成为市场的主要竞争者；退出障碍较高，即退出竞争要比继续参与竞争代价更高。在这里，退出障碍主要受经济、战略、感情以及社会政治关系等方面的影响，具体包括资产的专用性、退出的固定费用、战略上的相互牵制、情绪上的难以接受、政府和社会的各种限制等。

行业中的每一个企业或多或少都必须应付以上各种力量构成的威胁，而且需要面对行业中的每一个竞争者的举动。除非认为正面交锋有必要而且有益处，例如要争取很大的市场份额，否则企业可以通过设置进入壁垒，包括差异化和转换成本来保护自己。当一个企业确定了其优势和劣势时（参见 SWOT 分析），就必须进行定位，以便因势利导，有效地对其他企业的举动作出反应，而不是被预料到的环境因素变化所损害（如产品生命周期、行业增长速度等）后，再保护自己。

根据上面对于五种竞争力量的讨论，企业可以尽可能地将自身经营与竞争力量隔绝开来，努力从自身利益需要出发影响行业竞争规则，先占领有利的市场地位再发起进攻性竞争行动等手段来对付这五种竞争力量，以增强自己的市场地位与竞争实力。

二、行业信息的收集方法

行业信息的收集方法与宏观环境信息的收集方法类似，企业的行业背景信息一般都应对供应商的讨价还价能力、购买者的讨价还价能力、潜在竞争者进入的能力、替代品的替代能力、行业内竞争者现在的竞争能力这五大类影响企业的主要因素进行收集。

三、行业信息的分析方法

迈克尔·波特认为，在与五种竞争力量的抗争中，蕴涵着三类成功型战略思想，这三种思路是：总成本领先战略、差异化战略、专一化战略。通过对供应商的讨价还价能力、购买者的讨价还价能力、潜在竞争者进入的能力、替代品的替代能力、行业内竞争者现在的竞争能力这五大类影响企业的主要因素进行分析，得出基本竞争战略。

竞争战略就是一个企业在同一使用价值的产品竞争上采取进攻或防守行为。常用的战略是降价，但降价既打击对方，也损害自己利益，形成负效应，进入恶性循环。

迈克尔·波特提出的基本竞争战略为：

1. 总成本领先战略又称低成本战略（overall cost leadership）。
2. 差异化战略又称别具一格战略（differentiation）。
3. 集中化战略又称目标集中战略、目标聚集战略、专一化战略（focus）。

第一种战略就是尽最大努力降低总成本，通过低成本降低商品价格，维持竞争优势。要做到总成本领先，就必须在管理方面对成本严格控制，尽可能将降低费用的指标落实在人头上，处于低成本地位的公司可以获得高于产业平均水平的利润。在与竞争对手进行竞争时，由于己方成本低，对手已没有利润可图，己方还可以获得利润时。

第二种战略是公司提供的产品或服务别具一格，或功能多，或款式新，或更加美观。如果别具一格战略可以实现，它就成为在行业中赢得超常收益的可行战略，因为它能建立起对付五种竞争作用力的防御地位，利用客户对品牌的忠诚而处于竞争优势。

第三种战略是主攻某个特定的客户群、某产品系列的一个细分区段或某一个地区市场。其前提是公司能够以更高的效率、更好的效果为某一狭窄的战略对象服务，从而超过在更广阔范围内的竞争对手，该战略具有赢得超过行业平均水平收益的潜力。

实训演练

实训项目　某公司发展分析

一、实训内容

根据自己熟悉或感兴趣的企业进行行业背景与公司战略分析，完成一份××公司发展分析报告。

二、实训操作步骤

步骤一　确定所选定的企业类型和所处行业。

步骤二　拟订进行行业背景收集、整理和分析的行动方案。（提示：收集的方式，整理的方法、分析的思路）

步骤三　开展行业背景的收集、整理和分析。

1. 收集整理波特五力分析需要的市场情报

企业的行业背景信息一般都应对供应商的讨价还价能力、购买者的讨价还价能力、潜在竞争者进入的能力、替代品的替代能力、行业内竞争者现在的竞争能力这五大类影响企业的主要因素进行分析。

（1）收集资料

参考课题1中的收集资料的相关操作步骤进行资料收集。

（2）整理资料

资料收集后，由于资料数量大、质量良莠不齐，应在使用前对这些资料进行筛选、评估，排除不可靠的资料，并将资料整理成一致的格式，分类放置，以便进一步对其进行分析。

为了方便查阅，对挑选出的资料最好通过编写摘要的方式记录下来，资料的名称应该简洁、明确，以备撰写调查报告时方便查找。

2. 通过五力分析模型确立一般战略

对所选公司进行五力分析，并给出一般竞争战略建议。

知识链接

一、波特五力分析模型的缺陷

实际上，关于五力分析模型的实践运用一直存在许多争论。一种看法认为，该模型更多的是一种理论思考工具，而非可以实际操作的战略工具。

该模型的理论是建立在以下三个假定基础之上的：

1. 制定战略者可以了解整个行业的信息，显然现实中是难以做到的。

2. 同行业之间只有竞争关系，没有合作关系。但现实中企业之间存在多种合作关系，不一定是你死我活的竞争关系。

3. 行业的规模是固定的，因此，只有通过夺取对手的份额来占有更大的资源和市场。但现实中企业之间往往不是通过吃掉对手而是与对手共同做大行业的蛋糕来获取更大的资源和市场。同时，市场可以通过不断的开发和创新来增大容量。

因此，要将波特的竞争力模型有效地用于实践操作，以上在现实中并不存在的三项假设就会使操作者要么束手无策，要么头绪万千。

波特的竞争力模型的意义在于，在五种竞争力量的抗争中蕴涵着三类成功的战略思想，即总成本领先战略、差异化战略、集中化战略。

二、基本竞争战略分析

迈克尔·波特提出，基本竞争战略有三种：总成本领先战略、差异化战略、集中化战略。企业必须从这三种战略中选择一种，作为其主导战略。即要么把成本控制到比竞争者更低的程度；要么在企业产品和服务中形成与众不同的特色，让顾客感觉到你提供了比其他竞争者更多的价值；要么企业致力服务于某一特定的市场细分、某一特定的产品种类或某一特定的地理范围。

1. 总成本领先战略的实现途径

总成本领先战略是指企业通过有效途径降低成本，使企业的全部成本低于竞争对手的成本，甚至是在同行业中最低的成本，从而获取竞争优势的一种战略。根据企业获取成本优势的方法不同，可以把成本领先战略概括为简化产品型、改进设计型、材料节约型、人工费用降低型、生产创新及自动化型等主要类型。

2. 差异化战略的实现途径

差异化战略是指为使企业产品与竞争对手产品有明显的区别，形成与众不同的特点而采取的一种战略。这种战略的核心是取得某种对顾客有价值的独特性。企业要突出自己产品与竞争对手之间的差异性，主要有四种基本的途径：

（1）产品差异化战略

产品差异化的主要因素有特征、工作性能、一致性、耐用性、可靠性、易修理性、式样和设计等。

（2）服务差异化战略

服务的差异化主要包括送货、安装、维护、顾客培训、咨询服务等因素。

（3）人事差异化战略

训练有素的员工应能体现出下面的六个特征：胜任、礼貌、可信、可靠、反应敏捷、善于交流。

（4）形象差异化战略

形象差异化是指通过塑造与竞争对手不同的产品、企业和品牌形象来取得竞争优势。形象就是公众对产品和企业的看法和感受。塑造形象的工具有名称、颜色、标语、环境、活动等。

3. 集中化战略的实施条件

集中化战略是指企业或事业部的经营活动集中于某一特定的购买者集团、产品线的某一部分或某一地域市场上的一种战略。这种战略的核心是瞄准某个特定的用户群体，某种细分的产品线或某个细分市场。具体来说，集中化战略可以分为产品线集中化战略、顾客集中化战略、地区集中化战略、低占有率市场集中化战略。

具备下列四种条件的企业，适宜采用集中化战略：

（1）具有完全不同的用户群，这些用户或有不同的需求，或以不同的方式使用产品。

（2）在相同的目标细分市场中，其他竞争对手不打算实行重点集中战略。

（3）企业的资源不允许其追求广泛的细分市场。

(4) 行业中各细分部门在规模、成长率、获利能力方面存在很大差异，致使某些细分部门比其他部门更有吸引力。

思考与练习

1. 如何利用波特五力分析模型确定基本竞争战略?

2. 对应波特提出的三种基本竞争战略：总成本领先战略、差异化战略、集中化战略，分别举一种典型企业或产品的案例，并用波特五力分析模型对其进行市场分析。

课题3 撰写行业分析报告

学习目标

1. 了解行业分析报告的写作方法。
2. 完成题为某公司发展分析的商情分析报告。

课题引入

行业环境是对企业影响最直接、作用最大的外部环境，包括宏观经济环境和行业背景，行业分析报告是调查研究公司所处行业的现状、竞争状况及发展趋势的研究。学生根据自己所选择的熟悉或感兴趣的行业企业撰写行业分析报告。具体过程包括：收集、整理所选行业市场发展的相关资料，并对该行业的发展进行分析。

相关知识

一、行业分析报告包含的主要内容

1. 行业发展的背景

行业发展的背景主要是行业面对的宏观经济环境、政治环境、政策环境、国际环境等。通过寻找宏观环境与行业发展之间的内在联系，可以为行业发展的现状提供解释，寻找行业发展的趋势。

2. 行业供给状况

行业供给状况包括行业内企业数量及变化、行业生产能力及变化、行业产品生产规模及变化、产品供给结构（产品类别比例及变化）、产品供给价格及变化、上游产业分析、供给特征、影响供给的主要因素（比如产品技术发展、行业标准的影响）、行业供给中的问题与解决等。

3. 行业需求状况

行业需求状况包括需求来源与下游产业分析，需求规模，行业及子行业年产品销售量、销售额及变化趋势，需求结构（不同细分市场的需求及市场对产品不同类别、不同型号、不同价格的需求）及变化，需求特征，消费者分析，影响需求的因素，需求预测等。

4. 销售渠道分析

销售渠道分析包括渠道的构成、不同渠道在产品销售中的作用与地位、不同渠道的效果（成本、费用、销售贡献率）与选择、渠道建设等。

5. 进出口分析

进出口分析包括行业进出口规模（数量与金额）及变化，行业进出口来源、去向变化，产品进出口价格及变化，进出口对国内市场的影响，进出口发展趋势等。

6. 行业（市场）竞争格局分析

行业（市场）竞争格局分析包括不同性质的企业市场占有率及变化（国有、民营、外资）、不同企业的市场占有率及变化、不同产品的市场占有率及变化、产业集中度、影响竞争格局的因素、竞争格局的发展趋势；主要企业分析：介绍领先企业或有特点的潜力企业的基本情况、产品定位、市场定位、科研开发、销售状况、财务状况等。

7. 行业及市场发展趋势

行业及市场发展趋势包括国际市场发展趋势动态、产品市场成长趋势、要素市场变化趋势、产业结构调整变化趋势、产品技术发展趋势等。

8. 产业投资机会与困难

产业投资机会与困难包括行业的周期发展，行业赢利性、成长性，进入壁垒、退出机制，投资回收与风险，进入机会等。

9. 发展策略

发展策略包括行业发展的宏观对策、新进企业进入市场的策略、现有企业发展策略。

10. 附录

附录包括相关概念的解释、行业相关上下游产业企业名录、相关政策法规等。

二、行业分析报告研究的核心内容

行业分析介于产业分析与市场分析之间，属于企业战略研究的范畴。一般来说，行业分析报告研究的核心内容包括三个方面，一是研究行业的生存背景、产业政策、产业布局、产业生命周期，分析该行业在整体宏观产业结构中的地位以及各自的发展演变方向与成长背景；二是研究各个行业市场内的特征、竞争态势、市场进入与退出的难度以及市场的成长性；三是研究各个行业在不同条件下及成长阶段中，持有的竞争策略和市场行为模式，并给企业提供一些具有操作性的建议。

行业研究的意义不在于分析如何进行具体的营销操作，而在于为企业提供若干方向性的思路和选择依据，从而避免发生方向性的错误。

实训演练

实训项目　完成某公司行业分析报告

一、实训内容

根据自己选择的熟悉或感兴趣的企业进行宏观环境与行业背景分析，完成一篇该企业所处行业的分析报告。

二、实训操作步骤

步骤一　阅读利用搜索引擎收集到的相关分析报告。

结合分析报告的具体内容，认识什么是行业分析，行业分析报告主要包括哪些内容。

步骤二　收集、整理所选行业市场发展的相关资料。

收集、整理行业分析报告所需的资料，包括前面两个课题中的宏观环境与行业背景信息。

步骤三　所选行业发展分析。主要包括：

(1) 做数据统计分析，形成合适的图表。

对收集到的数据要精心筛选，说明数据来源，形成合适的图表。

(2) 形成报告大纲和目录。

(3) 趋势分析和具体建议。

步骤四　完成行业背景分析报告。

分析报告要给出鲜明的观点和结论，并给出具体可行的应对策略，要从产业链的角度，并以发展的眼光给出所选行业的趋势分析和具体建议。

思考与练习

1. 在进行行业分析时，都应该重点考虑哪些内容？
2. 通过搜索引擎检索一篇行业分析报告，利用所学的知识分析其核心的内容都包括哪些？

课题 4　制作 PPT 并演讲分析报告

学习目标

1. 利用 PowerPoint 制作一份比较完善的幻灯片。
2. 完成一次商务演讲。

课题引入

商务活动中，常常需要在会议中发言或作报告，还有销售展示、主持讨论、培训员工等，演讲是成功推销自我、改善职业化形象、增强影响力的重要技能。商务讲演需要运用各种讲演技巧保证听众能够明白和接受逃亡者所讲的内容，如口语化的表达以及视听辅助手段。目前商务情境中最常用的视听辅助手段就是利用 PowerPoint 制作幻灯片（以下简称 PPT）。

相关知识

一、商务演讲礼仪

演讲前，主持人常常要向听众介绍演讲者。主持人提到名字时，演讲者应主动站起来，立直身体、面向听众，并微笑鞠躬致意，等听众认清后再转身坐下。

1. 走上讲台

走路时，上身要直立，不弯腰，不腆肚，步伐快慢有序。目视前方，虚光看路。头要正，不偏不摇，双手自然摆动。走上讲台后要慢步自然转弯，面向听众站好，正面扫视全场，与听众进行目光交流，然后以诚恳、恭敬的态度向听众鞠躬敬礼，稍稍稳定一下之后，再开始演讲。

2. 站位和目光

站位不但要考虑演讲时活动的方便，更要考虑听众观察演讲者的方便。要讲究站立的姿势，站姿得当，会显得干练、生气勃勃，给人美感。目光要照顾到全场，落到每位听众的脸上。

3. 注意听众的反馈

演讲中要注意听众的反馈，及时与听众交流，并适时调整进度和内容。双向沟通、口语化的表达以及利用视听辅助手段是商务讲演的三要素。

演讲完要询问听众有没有问题或不清楚的地方，并耐心回答。

4. 演讲完毕

演讲完毕，要向听众鞠躬表示感谢，向主持人致意。如果听到掌声，应再次表示谢意，然后下台坐回原位。

二、制作幻灯片

PPT 是美国微软公司出品的办公软件系列的重要组件之一，是功能强大的演示文稿制作软件，可协助用户独自或联机创建永恒的视觉效果。它增强了多媒体支持功能，利用 PPT 制作的文稿，可以通过不同的方式播放，也可将演示文稿打印成一页一页的幻灯片，或者将演示文稿保存到光盘中以进行分发，并可在幻灯片放映过程中播放音频流或视频流。新版本软件对用户界面进行了改进并增强了对智能标记的支持，可以更加便捷地查看和创建高品质的演示文稿。

实训演练

实训项目 1　利用 PowerPoint 制作幻灯片

一、实训内容

根据下面说明的 PPT 制作方法，为前一课题中编写出来的分析报告制作 PPT 幻灯片。

二、实训操作步骤

步骤一　打开 PowerPoint 软件，然后单击“文件→新建”；再单击“设计”，选择设计模板，如图 2—4—1 所示。

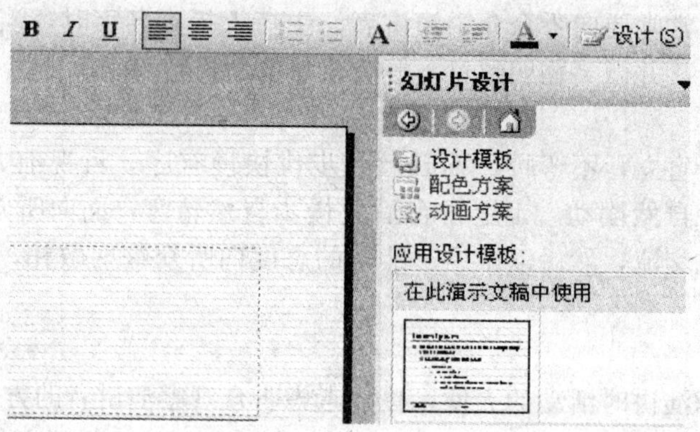

图 2—4—1　幻灯片设计

步骤二　单击“视图→母版→幻灯片母版”，如图 2—4—2 所示；进行母版设计后单击“关闭幻灯片母版”。

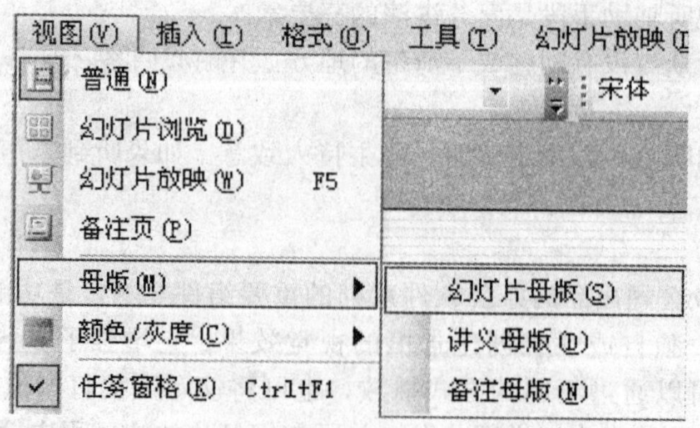

图 2—4—2　幻灯片母版

步骤三　设计标题幻灯片。

步骤四　单击“插入→新幻灯片”，对标题和文本幻灯片进行文字输入和设计，如图 2—4—3 所示。

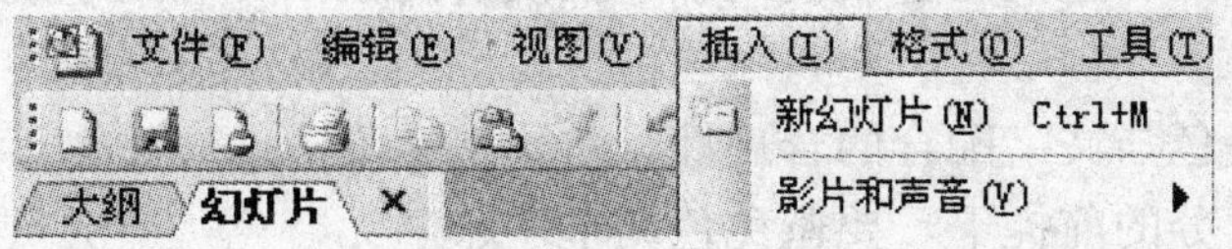

图 2—4—3　新幻灯片

步骤五　设计完成，单击“幻灯片放映→自定义动画”，如图 2—4—4 所示，可以设置放映动作效果；设置完成，单击“观看放映”，或按 F5 键观看放映。按 Shift＋F5 键为从当前页开始放映。

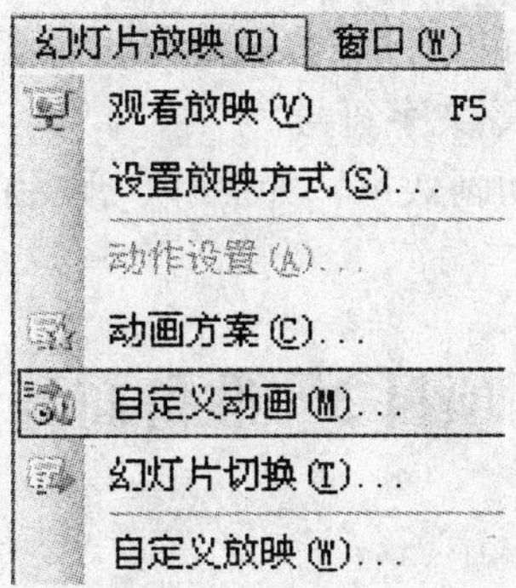

图 2—4—4　自定义动画

实训项目 2　完善幻灯片制作

一、实训内容

修改完善分析报告的 PPT 幻灯片。

二、实训操作步骤

1. 编制文档的目录结构

使用 PowerPoint 制作幻灯片的目的，是将要叙述的内容以提纲挈领的方式表达出来，让观众一目了然。如果仅是将一篇文章分成若干片段，平铺直叙地表现出来，会显得乏味，难以提起观众的兴趣。

一个好的幻灯片应紧紧围绕所要表达的中心思想，划分不同的层次段落，编制文档的目录结构。

2. 设计幻灯片格式

在设计幻灯片时，初学者容易出现为使幻灯片画面精彩纷呈，而煞费苦心地在幻灯片的花哨上大做文章的通病，例如添加艺术字体、变换颜色、穿插五花八门的动画效果等。这样的演示看似精彩，其实往往弄巧成拙。好的幻灯片要保持淳朴自然、简洁一致，最重要的是文章的主题要与演示的目的协调配合。

在注意自然性的同时，也要避免出现生硬呆板、枯燥无味的表现手法，应力求版面的新颖性，尽可能引人入胜、生动有趣，使观众进入演讲的氛围，有助于观众理解演讲全文，给人以启发联想。

要注意幻灯片底色与文字配合的合理性，防止文字不清。

运用色彩在不过分的前提下，要避免色调单一、毫无特色，造成贫乏的图文堆积。影像图片造型应端正清晰、主次分明，景物安排适当、画面干净。

3. 制作技巧使用

为了阐明一个问题，经常会采用一些图示以及特殊动画效果。

实际工作中，常常运用的技巧有：

（1）使用超链接，即需要引用其他的文档资料、图片、表格或从某点展开演讲而需要的链接点。在使用时一定要注意“有去有回”，设置好返回链接。同时超链接可以用一些特殊符号，避免出现“连接”“下转”等文字符号。

（2）运用软件中自带的各种动画效果，如图片、照片的飞入，重点文字的闪烁，重点文字的底线伸展等。

实训项目3　准备商务讲演

一、实训内容

结合上述分析报告的PPT幻灯片，准备做一次商务讲演。

二、实训操作步骤

1. 了解听众

首先，要确定讲演的目的。讲演的目的主要有两个：一个是说明，即介绍、解释性讲演；一个是说服，即让听众在听了讲演之后采取行动。

其次，最重要的准备是分析听众。分析听众需要考虑以下方面：

听众的背景：国籍、民族、职业及职务、受教育程度、年龄层次、兴趣与爱好、家庭背景及情况、个性特征及弱点等，了解得越多、越细越好。

越了解听众，讲演就会越有的放矢，因为这样才可以在讲演中运用最恰当的态度和语言去感染、打动听众。

最后，是讲演中的“自我定位”。这里的“自我定位”是指作为讲演者应该清楚听众希望讲演者以什么身份或姿态出现在他们面前：会议发言时，是领导、下属还是同级；投标过程中，是纯粹的供应商还是招标方的战略伙伴。讨论中的主持人不要喧宾夺主。倘若是做培训，就要考虑学员希望讲演者是课题专家还是引导者和启发者。恰如其分的定位，会使讲演者很快拉近与听众的距离，令讲演气氛轻松和谐。

2. 准备开场白

好的开头，是成功的一半。这句话同样适用于商务讲演。倘若讲演在一开头就能引起听众的兴趣，那么后面的内容讲起来就会轻松自如。

接下来的五个步骤可以帮助讲演者成功地吸引听众的注意力：

第一步，问候（必要时做自我介绍）；

第二步，交代讲演的时间长短；

第三步，说明讲演目的；

第四步，列出内容提要；

第五步，声明回答听众提问的时间。

3. 熟悉环境

对于不熟悉的环境，一定要提前到场，检查以下内容：座位空间大小是否舒适，座位排列是否易于交流，光线是否适宜，环境是否有干扰，辅助设备、材料是否齐备，有无应急要求（人员及设施），是否掌握辅助设备的用法等。

即使是熟悉的环境也应提前到场，将场地布置好。如果听众为陌生人，可与提前到场的人聊天，了解他们的需要、期望及性格特点，从而令讲演更有针对性。

4. 穿合适的衣服

一个人的仪表、着装能从一个侧面反映其生活品位、精神面貌以及职业素养。商务讲演时的仪表、着装通常要职业化，但一定要符合多数听众的文化习惯或企业文化要求。

5. 准备好辅助设施

商务讲演常用的辅助设施、材料包括计算机及 PPT 投影仪演示设施等，发给听众的书面资料、参与性活动所需物品音响设备等。

有时候，讲演者过度依赖 PPT，似乎有了 PPT，讲演技巧就不那么重要了。但是，PPT 制作得再精美，也还是书面文字，无法代替讲演者的身体语言和语气语调，而后者对听众的影响力要远远大于 PPT 的作用。

无论是当场在白板上书写，还是事前制作 PPT，都应遵循以下原则：

（1）方便听众参与及讨论；

（2）可用多色笔，最多 4 色，突出要点；

（3）每页面文字不超过 7 行；

（4）最好有图表。

6. 彩排

重要讲演一定要彩排。彩排有助于更好地控制讲演时间和节奏，调整内容的轻重和主次。彩排时可以录像供自己分析，并倾听临场听众的意见和建议。

实训项目 4　完成一次商务讲演

一、实训内容

完成一次商务讲演。

二、实训操作步骤

1. 开场白

包括自我介绍、向听众致意、演讲主题和大纲介绍等。

2. 开始演讲

就制作好的 PPT 做演讲说明。

放慢语速，提高音量，以保证在既有的场地设施和麦克风等条件下所有听众都能听到；发音清晰，避免听众听不清楚。

与听众保持眼光接触，使用有意义的手势，但不要刻意计划手势，要自然而不做作。

与听众建立联系与互动，引导听众并始终保持他们的注意力。注意听众的反馈，及时调整内容与进度。

从听众的角度出发，从听众的立场来撰写演讲稿和思考问题：哪些内容对于听众比较难理解，哪些内容会使听众感到烦琐。对听众来说，讲演所表达的内容有没有意义最为重要。

表达需使用经过自己思考的真实的语言和观点，不要让听众感到在背书。

3. 回答听众提问

演讲完毕，询问听众有没有问题并耐心回答听众的提问。

4. 结束演讲

回答问题结束后，向听众致谢，离开讲台。

5. 演讲评分

演讲采取百分制打分，其中仪态 30 分，语言表达 30 分，内容 20 分，PPT 制作 20 分。演讲评委由各小组组长担任，现场打分，现场公布。

思考与练习

1. 请写出你在实训过程中制作 PPT 幻灯片的基本步骤，并说出应注意的问题。
2. 在进行商务演讲时，应该注意哪些问题？

模块三

采购市场调研

课题1　制订采购市场调查方案

学习目标

能够制订采购市场调查方案。

课题引入

采购人员要时刻掌握市场信息和市场动向，仅凭直觉和经验作出的分析缺乏可靠性，容易造成采购部门的决策失误，影响企业效益。因此，采购前期的市场调查起着非常重要的作用，制订采购市场调查方案是进行采购需求分析的前提和基础。

本课题要求学生选择自己熟悉或感兴趣的企业，制订一份关于某个生产企业的原材料采购市场调查方案。

课题分析

在具体进行采购市场调查前，采购人员应对市场调查工作进行整体规划，拟订一份完整的市场调查方案，以保证市场调查工作的顺利实施。拟订采购市场调查方案时，采购人员主要从调查目的、调查任务、调查对象与样本、调查方法、调查费用、调查进度六个方面进行考虑。

相关知识

一、采购的定义

采购是指企业为实现销售目标，在充分了解市场需求的情况下，根据企业的经营生产能力，运用适当的采购策略和方法，取得适销对路的商品及原材料的经济活动过程。包括两方面的内容，一方面采购人员必须主动地对用户需求作出反应，另一方面要保持与供应商之间的互利关系。

二、采购业务的内容

采购业务内容通常有下列几项：

1. 寻找物料供应来源，并分析供应市场。
2. 与供货商洽谈，并安排工厂参观，建立供货商的数据资料。
3. 要求报价与进行议价。
4. 获取所需物料。
5. 查证进厂物料的数量与质量。
6. 收集采购业务顺利进行所需的数据。
7. 了解市场趋势，收集市场供给与需求价格等相关数据加以成本分析。
8. 呆料与废料的预防与处理。

三、采购市场调查的定义

采购市场调查是指企业运用科学的方法，有系统有目的地收集市场信息，记录、整理、分析市场情况，了解市场的现况及其发展趋势，从而为市场预测提供客观的、正确的资料。

采购市场调查的对象一般为用户、零售商、批发商，在进行市场调查之前应确定到底对什么样的群体进行调查。并且应选择重点群体调查，如因为供应商太多，一般应对信誉度高、执行合同能力强的供应商进行重点调查。如果调查缺乏针对性，一则效果不会很明显，二则精力和时间都不允许。

四、采购市场调查方案包括的主要内容

1. 调查目的要求

根据市场调查目标，在调查方案中列出本次市场调查的具体目的要求。例如，本次市场调查的目的是了解原材料供应市场供需关系、价格变化情况等。

2. 调查对象

企业原材料采购市场调查的对象一般为原材料市场与供应商。包括原材料市场的供应及市场竞争情况。

3. 调查内容

调查内容是收集资料的依据，是为实现调查目标服务的，可根据采购市场调查的目的确定具体的调查内容。如铁矿石采购市场分析时，可根据国内外铁矿石供应、市场竞争状况、供需关系、本企业的市场发展与采购需求，列出调查的具体内容项目。

调查内容的确定要全面、具体，条理清晰、简练。同时要避免面面俱到、内容过多、过于烦琐，避免把与调查目的无关的内容列入其中。

4. 调查地区范围

调查地区范围应与企业原材料采购范围相一致。

5. 资料的收集和整理方法

采购市场调查中，常用的资料收集方法有文案调查和访问调查。

（1）文案调查

文案调查是通过收集企业内外部已有的档案资料、研究报告及公开报告资料，加以整理分析，进而为市场调研报告提供相关信息的方法。

优点：成本低、易于实施，能够把握市场大趋势，能指明实地调查应关注的问题，可协助鉴定调查资料的准确度。

缺点：不能获得对市场现状与发展现状的最新动态，收集资料易有疏漏。

（2）访问调查

访问调查是直接向被调查者收集第一手资料的调查方法，还包括参观、面谈、电话、电子邮件、问卷调查等。

优点：信息相对准确、有针对性，能够把握最新的市场动态。

缺点：实施成本高，获得信息难度高、速度慢。

实训演练

实训项目　制订一份采购市场调查方案

一、实训内容

在任课教师的指导下，学生根据自己熟悉或感兴趣的企业，按照下面的说明，制订一份关于某个生产企业的原材料采购市场调查方案。

二、实训操作步骤

步骤一　明确采购市场调查目的

1. 根据企业具体情况和采购策略分析调查目的

调查目的是指通过市场调查需要达到的目标，采购人员可以根据企业的具体情况和采购策略分析市场调查目的。由于企业和采购人员的具体情况不同，所以进行采购市场调查的目的也会有不同。

例如，采购人员在采购之前对所要采购的产品本身并不熟悉，在市场调查时的目标就应该先定位在了解、认识此类产品方面；而对于制造企业来说，在采购之前对原材料市场的调查主要是为了掌握原材料市场的供应及市场竞争情况。

2. 用简明扼要的语言描述调查目的

一般来说，在采购之前进行的市场调查，主要为了达到以下四个方面的目的：

（1）确定采购需求，编制和修订采购计划

为了确定采购需求，采购人员需要对企业内外部环境进行调查，掌握第一手资料，并对这些资料进行科学分析，从而解决“买什么”“买多少”“怎么买”“花多少钱”等与采购需求相关的诸多问题。

(2) 了解供应商之间的关系和市场竞争情况

了解供应商的供应能力、市场价位、供应商之间的竞争程度、合作倾向、价格变化和定价策略等。

(3) 规划企业的采购与供应战略

在调查企业内外部环境变化的基础上分析环境变化所带来的机会与威胁，挖掘企业自身优势，从而规划出企业的采购与供应战略，以适应环境的变化，并在市场竞争中掌握主动权。

(4) 开发企业的潜在市场和潜在供应商

发现谁是企业未来的主要买家和卖家，调查他们的市场地位，并预测这一市场地位的变化趋势。

步骤二　确定采购市场调查任务

采购市场调查必须围绕调查目的进行，以便获得有价值的信息资料，为分析采购需求和制订采购计划提供依据。

采购市场调查的任务主要包括企业内外部会影响到采购决策及作业细节的各种宏观、微观因素。

1. 企业外部调查

企业外部调查的具体调查项目和内容有以下几个方面：

(1) 宏观环境

宏观环境包括国家宏观经济政策的规定、财政金融政策的调整、市场利率及汇率的波动、通货膨胀及其趋势、市场的季节性等。

(2) 市场供应状况

市场供应状况包括市场的规模与增长速度、市场结构、各个供应商之间的竞争程度、替代品的多少等。

(3) 竞争对手状况

竞争对手状况包括主要竞争对手的产品生产情况、企业发展状况；竞争对手的采购策略，包括时间、价格、渠道、区域等；竞争对手的采购人员素质，包括谈判与议价能力、对市场的敏锐度等；主要供应商的经营情况。

(4) 区域市场特点

区域市场特点包括地理差异、交通状况、区域行政管理制度、有关法律法规、行业集中度等。

(5) 供应商资料

供应商资料包括供应商的生产能力、供货能力；供应商的信誉度、质量水平；供应商的地点、发展前景、竞争能力等。

2. 企业内部调查

企业内部调查的具体调查项目和内容有以下几个方面：

（1）产品状况

产品状况包括使用的原材料及其原材料替代品稀缺程度；产品品名、规格、标准；产品生命周期，进入市场的时间等。

（2）企业形势

生产能力，包括生产规模、机械化程度、生产的产品品种等；财务状况，包括企业经营状况、资金周转状况等；企业管理能力，包括经营理念、决策者风格、发展战略等；采购部的组织机构、采购人员编制、采购流程、采购管理规范及制度等。

步骤三　确定调查对象

调查对象是根据调查目的、调查内容所确定的调查范围及所要调查的总体。

对采购市场来说，一般包括零售商、批发商、物料供应商、企业内部采购人员等。

采购人员在确定调查对象时，必须明确调查对象的含义。例如，若以零售商为调查对象，就应明确零售商的含义，划清零售商与代理商、批发商等概念的界限。

步骤四　选择市场调查方法

常用的有文案调查法和访问调查法两种。采购人员可以根据调查内容的需要，选择合适的调查方法。

对于宏观环境、市场状况、产品状况、企业形势、区域市场等特点可以采用文案调查方法。

对于消费者情况、竞争对手情况等适合采用访问调查方法。

其中竞争对手情况、企业形势、产品状况等也可以采用文案调查与访问调查相结合的方式进行。

步骤五　估算市场调查费用

采购调查人员应遵循节约的原则，在有限的预算下估算调查费用。实际工作中，对市场调查费用的预算大都需要提交一份调查经费申报单，包括设计、印刷、制作、调查、差旅、礼品、管理、服务等方面。

步骤六　安排市场调查进度

市场调查是一项烦琐的工作，要求调查人员事先将调查过程中的任务安排好，以指导和把握调查工作进度，控制调查成本、确保有限的经费得到充分的利用。

步骤七　制订一份关于某个生产企业的原材料采购市场调查方案。

三、实训评价标准

评分要点：采购市场调查方案从调查目的、调查任务、调查对象与样本、调查方法、调查费用、调查进度六个方面进行考虑。每个方面占 10 分。

另：结合实际且有实用价值 20 分，叙述清晰有条理 10 分，有创意 10 分。

思考与练习

1. 为什么要做采购市场调研？怎样做好采购市场调研？
2. 制订一份零售企业的商品采购市场调查方案。
3. 制订一份关于某个生产企业的原材料采购市场调查方案。

课题 2　实施采购市场调查

学习目标

能够完成某企业原材料采购市场资料的收集与整理。

课题引入

做好了采购市场调查方案及其准备工作后，就可以开展市场调查活动了，这是市场调查各环节中最重要的工作，实施调查得出的信息直接决定了本次调查活动的效果。

实施采购市场调查就是针对物料、供应市场的情况，根据调查目的，设置合适的调查方式，收集所需资料的过程。一般包括实施文案调查和实施访问调查两个方面。

本课题要求根据前一课题实训中编写出的采购市场调查方案，完成采购市场调查。

相关知识

一、采购市场调查信息来源

一手资料又称为原始资料，是指调查人员通过现场实地调查所收集的资料。其特点是针对性强，适用性好，但成本较高。

二手资料又称为间接资料，是他人为某种目的已经加工整理好的资料。其特点是获取成本低，时间短，但适用性较差。

1. 一手资料的调查方法

(1) 询问法。这是以询问的方式作为收集资料的手段。

主要包括个人访问、小组访问、电话调查和邮寄调查四种形式。

(2) 观察法。这是指调查人员直接到现场进行观察的调查方法。

优点是可以比较客观地收集资料，直接记录调查事实和被调查者在现场的行为，调查结果更接近实际。

缺点是观察不到内在因素，调查时间长。

该方法主要包括直接观察、店铺观察、实际痕迹测量三种形式。

(3) 实验法。这是从影响调查问题的许多因素中选出一个或两个因素，将它们置于一定条件下进行小规模的实验，然后对实验结果作出分析，研究是否值得大规模推广。

优点是可获得较正确的原始资料。

缺点是实验市场不易选择，干扰因素多，时间长，成本较高。

该方法主要包括产品包装实验、新产品销售实验观察两种形式。

2. 二手资料的调查内容

二手资料调查主要有以下内容：

(1) 企业内部资料（包括内部各有关部门的记录、统计表、报告、财务决算、用户来函等）。

(2) 政府机关、金融机构公布的统计资料。

(3) 公开出版的报纸杂志、书籍、研究报告等。

(4) 市场研究机构、咨询机构、广告公司所公布的资料。

(5) 行业协会公布的行业资料，竞争企业的产品目录、样本、产品说明书及公开的宣传资料。

(6) 政府公开发布的有关政策、法规、条例规定以及规划、计划等。

(7) 推销员提供的情报资料。

(8) 供应商、分销商以及企业情报网提供的信息情报。

(9) 展览会、展销会公开发送的资料。

二、组织实地调查

市场调查的各项准备工作完成后，开始进行实地调查工作。组织实地调查要做好两方面工作。

1. 做好实地调查的组织领导工作

实地调查是一项较为复杂烦琐的工作。要按照事先划定的调查区域确定每个区域调查样本的数量，访问员的人数，每位访问员应访问样本的数量及访问路线等；每个调查区域配备一名督导人员；明确调查人员及访问人员的工作任务和工作职责，做到工作任务落实到位，工作目标、责任明确。

2. 做好实地调查的协调、控制工作

调查组织人员要及时掌握实地调查的工作进度完成情况，协调好各个访问员间的工作进度；要及时了解访问员在访问中遇到的问题，帮助解决问题，对于调查中遇到的共性问题，可提出统一的解决办法。要做到每天访问调查结束后找出存在的问题，以便在后面的调查中及时改进。

实训演练

实训项目 1　实施采购市场调查

一、实训内容

根据前一课题制订的采购市场调查方案，展开实施。

二、实训操作步骤

步骤一　收集资料

在进行调查时，首先应积极展开资料收集，找到可以利用的数据和文件。

(1) 查阅企业内部有关采购的档案资料，如企业有关采购的财务报表、采购记录、供应商档案、同业资料卷宗等。

(2) 查找企业外部刊物及索引类资料，如工商企业名录、政府机构的统计调查报告、学术研究机构或民间机构发表的市场调查报告等。

(3) 翻阅与采购原材料、零部件、设备、商品相关的专业书籍及杂志。必要时可以利用企业介绍信向相关部门主动索取资料。

(4) 进行网上市场调查，搜索相关信息。

(5) 实地走访调查，得到相关价格、质量、供需关系等一手信息。

步骤二 筛选资料

资料收集后，由于资料数量大、质量良莠不齐，应在使用前对这些二手资料进行筛选、评估，排除不可靠的资料，并将资料整理成一致的格式，分类放置，以便进一步分析。

为了方便查阅，对挑选出的资料最好通过编写摘要的方式记录下来，资料的名称应该简洁、明确，以备撰写调查报告时方便查找。

步骤三 整理调查资料

实地调查结束后，即进入调查资料的整理和分析阶段。收集好已填写的调查表后，由调查人员对调查表进行逐份检查，剔除不合格的调查表，然后将合格调查表统一编号，以便于统计调查数据。

调查数据的统计可利用Excel电子表格软件完成。将调查数据输入计算机，经Excel软件运算后，即可获得已列成表格的大量的统计数据。利用上述统计结果，就可以按照调查目的的要求，针对调查内容进行全面的分析。

实训项目2　某商品采购市场调查

一、实训内容

学生根据自己感兴趣或熟悉的商品，如文具、零食、衣服等，展开采购市场调查。

二、实训操作步骤

步骤一 通过网络搜索调查所选商品的市场供求信息。

步骤二 通过阿里巴巴、慧聪网等网站，调查所选商品的市场供应信息，包括供应商、地区、供应价格、运输等相关信息。

步骤三 通过E—mail、电话或实地考察等形式，了解企业供需信息。

步骤四 整理资料，针对所选商品的采购信息，完成其供应市场信息的收集。

思考与练习

1. 如何实施采购市场调查？

2. 实施采购市场调查时，主要的信息来源都有哪些？通过上面的实训你是如何看待不同信息来源的价值的？

课题 3　进行采购分析和预测

学习目标

能够完成某企业原材料采购市场的分析和预测。

课题引入

本课题要求在任课教师的指导下，学生根据自己熟悉或感兴趣的企业（可以衔接前一课题的实训项目），完成关于某个生产企业的原材料采购市场的分析和预测。

相关知识

一、采购分析与预测的定义

采购分析是根据已获得的市场调查资料，运用统计原理，分析市场供需关系及其价格、销售量、质量变化情况。采购预测是市场调查的组成部分和必然结果，采购分析是市场预测的前提和准备过程。

采购分析和预测主要包括确定采购预测目标、整理调查资料、分析调查资料、选择预测方法、作出最终预测五个方面。

采购分析和预测是指企业决策者在取得商品采购市场调查资料的基础上，经过分析研究，并运用科学的方法来测算未来一定时期内商品市场的供求及其变化趋势，从而为商品采购决策和制订商品采购计划提供科学的依据，实现销售利润等一系列目标的过程。

二、采购分析和预测的作用

在企业生产流程中，时间主要耗费在采购和产品生产制作上，这直接影响着企业商品的生产周期和流动资金量。

由于在一定时间和技术条件下商品的生产时间是一个相对确定的量，因此，采购时间和采购量也就成为了决定商品流通、资金回流的关键所在。

采购量决定库存量，而采购量过多或过少必然导致库存的堆积、资金停滞或者库存不足，影响生产，拖延交货时间。无论哪一种情况都将导致企业的损失。因此，科学合理的采购预测具有重要的意义。

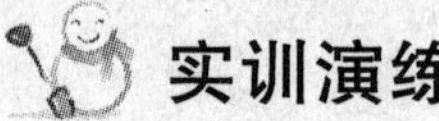

实训演练

实训项目　完成某企业原材料采购市场的分析和预测

一、实训内容

根据前一课题实训过程中获得的信息，完成该采购市场的分析和预测，学生也可以重新选择感兴趣或熟悉的企业开展本实训。

二、实训操作步骤

1. 确定采购预测目标

预测目标有一般目标和具体目标之分。

一般目标比较笼统、抽象，如市场变化趋势、市场行情变动、供求变化、供应商的变化、未来企业的采购绩效等。具体目标进一步明确这次采购为什么要预测、预测什么具体问题、要达到什么样的效果。

具体目标需要把抽象的问题转化为具体可操作的问题，如将经营状况分解为销售量、商品质量、供应量、采购量、价格与成本变化程度等进行重点分析。

2. 整理调查资料

采购人员应结合调查目的及工作需要对收集的资料进行整理，并按调查内容、类别进行分类汇总分析。相关数据应制成表格、图示的形式，使得调查资料成为可供分析、方便阅读的信息。

整理资料一般包括三个步骤：

步骤一　剔除不可靠、不准确以及与调查目的无关的资料，并对剩余的资料进行整理，使其成为排列有序、可靠、有参考价值的资料。

步骤二　汇总及分类。将调查资料按类别汇总，再根据调查内容进行详细分类。

步骤三　制作统计图表，分析各个数据间的关系并进行趋势分析。

3. 分析调查资料

对调查资料进行综合分析、判断、归纳、推理，了解现象之间是否存在联系、如何联系，发现现象演变的规律性表现。

分析调查资料可以从四个步骤展开：

步骤一　分析企业所面临的采购环境，包括政治、经济、法律等宏观因素，同时还要分析采购风险、采购容量、产品品质等具体微观因素对采购的影响。

步骤二　分析影响市场的因素及其与采购需求的依存关系，如供应商的供应能力、竞争程度、合作倾向等。

步骤三　分析市场供求关系，包括：

(1) 供应环节的变化，主要分析采购商品、设备的供应量的变化。

(2) 分析供需矛盾、供需结构及供需双方生产能力的变化。

(3) 流通渠道的变化。

步骤四　分析供应市场的变化趋势。包括供应市场产量、需求市场变化的发展趋势，了解市场价位、价格变化和定价策略等。

4. 选择预测方法

预测方法一般可以分为定性分析预测法和定量分析预测法。

(1) 定性分析预测法

定性分析预测法是市场分析人员依靠自身的知识、经验和综合判断能力，参考历史资料和现实资料，对市场现状的实质特点和变化情况进行分析判断的方法。

该方法使用起来简单、省时、费用低，还可以预测难以量化的现象。缺点是容易受到预测人员主观意识的影响，一般都与定量分析预测法结合使用。

(2) 定量分析预测法

定量分析预测法是对市场现象的性质、特点、关系进行分析后，建立数据模型进行数量变化预测的方法，常用的有时间序列预测法和因果关系预测法。

5. 作出最终预测

步骤一　评估采购市场的发展阶段

对供应市场的发展阶段作出评估。一般说来，市场处于不同的阶段，采购形势也各不相同。如在导入期，市场竞争不太激烈，但是很难选择到合适的商品和供应商，采购商品比较困难。在成熟期，采购人员已经建立了稳定的供应商关系，采购策略比较稳定，竞争激烈，但波动不大。

步骤二　分析、预测采购价格的变化

(1) 分析市场竞争程度

当市场由少数几家厂商垄断，采购方企业为数众多，竞争激烈，这些企业的采购又依赖于这些垄断厂商时，采购人员讨价还价可能就比较低，处于被动地位，属于卖方市场，采购价格由供应商主导，不利于采购方企业的长远发展。对此，采购方可以通过联合采购、向产业链上游投资、寻找替代品等方式提高讨价还价的能力。

如果供应商市场竞争激烈，供应厂商较多，采购方企业选择供应商余地比较大时，属于买方市场，采购方讨价还价可能比较高。

(2) 分析供需状况

市场供需状况是影响商品价格的重要因素。总体而言，当供大于求时，价格较稳定甚至降低。供不应求时，价格容易被供应商抬升。

(3) 分析物价趋势

如果市场有通货膨胀的趋势，引起物价上涨，那么采购价格通常也会随之上涨。

(4) 分析采购量的变化

如果业内企业的产品在市场上供不应求，企业势必要扩大生产规模，采购量会增加，从而影响供需结构，引起采购商品的价格变化。一般来说，如果采购商品属于稀缺商品，需求量的增加可能会引起供应价格上涨；如果采购商品市场货源充足，那么采购量的增加可以提高买方讨价还价的能力，促使采购价格下降。

当然，价格变动还受到很多其他因素的影响，如谈判能力、合作倾向、经营方式等。

步骤三　修正预测结果

实际工作中，由于预测会受到资料的完整性和准确性、预测人员的水平、预测方法的准确性、内外部环境变化等因素的影响，预测结果与实际结果一般都会存在一定的误差。

如果误差在10%以内，需要对调查分析的过程与资料进行核实，找出出现误差的原因，进行修正。

如果误差超过10%，就需要对原有的资料与分析过程进行严格的审查，找出出现问题的原因，并推倒重来，重新收集资料，按新的方法进行分析预测。

思考：如何对现阶段的铁矿石采购市场的变化进行分析和预测？

知识链接

采购人员具体要做的工作

采购市场调查是企业运营和实施采购计划的重要的依据，是企业进行采购的前期工作，采购人员在进行采购市场分析和预测的基础上，编制采购计划，实施采购。

采购人员应该做的八件事情：

1. 分析采购需求

（1）采购市场调查

根据需求情况，制订市场调查方案，实施采购市场调查，进行分析和预测，撰写调查报告。

（2）确定采购需求

分析企业生产与销售计划，分析物料需求，制定准购单，预测中长期需求变化。

2. 制订采购计划

（1）编制采购规划

制订原材料、设备、零部件、商品的采购计划，确定采购方式、采购批量，控制采购成本。

采购成本指与采购原材料部件相关的物流费用。包括采购订单费用、物流费用、采购计划制订人员的管理费用、采购人员管理费用等。

（2）分解与调整采购计划

根据情况调整采购计划。

3. 采购洽谈

（1）选择供应商

对供应商进行调查评审，提供供应商选择方案。

（2）商务洽谈

准备洽谈内容，进行采购洽谈，并对洽谈绩效进行评估。

（3）签订采购合同

编写、审查采购合同，签订合同。

4. 履行采购合同

(1) 订单管理

确定订单，对采购订单进行传递和管理。

(2) 进货验收

明确运输要求，制订运输方案，检验接受物料，编制进料验收单、验收报告、来料检验报表等。

(3) 货款支付

明确采购付款流程，进行付款操作。

(4) 违约处理

处理拒绝交货、迟交、不适当交货等违约现象。

5. 管理供应商

(1) 供应商关系管理

建立供应商管理档案，掌握供应商关系管理。

(2) 供应商绩效评估

制订并实施供应商绩效管理方案。

6. 采购控制管理

(1) 采购质量控制

明确商品采购质量管理与控制的依据、方法、程序。

(2) 采购价格控制

实施价格调查，掌握定价策略，确定采购底价。

(3) 采购交期控制

规划购运时间，确定交货期限，明确违约责任。

(4) 采购成本控制

规范管理，明确权责，合理采购，努力降低采购成本。

7. 管理采购信息

(1) 评估采购管理信息化方案

收集信息数据，对采购管理信息化方案进行论证。

(2) 建立采购管理信息系统

确定采购信息化系统建立方案，建立采购信息化管理系统。

8. 电子商务与国际采购管理

(1) 电子商务采购管理

根据具体采购工作选择合适的电子商务采购方式，确定电子商务采购流程、标准，进行电子商务采购。

(2) 国际采购管理

确定国际采购的流程与标准，根据实际需要开展国际采购工作。

思考与练习

1. 什么是采购分析和预测？
2. 采购市场分析和预测的作用是什么？

课题 4　撰写采购市场调研报告并演讲

学习目标

1. 能够完成某企业原材料采购市场调研报告。
2. 制作采购市场调研报告 PPT 并演讲。

课题引入

采购市场调研报告是市场调查的最后一项内容，它将市场调查工作的成果体现在报告中，可以作为企业分析采购需求的依据。

本课题根据前一课题的实训，结合实际的调研、分析和预测，撰写相应的采购市场调查报告，并结合这份报告制作 PPT，完成演讲。

实训演练

实训项目 1　完成某企业原材料采购市场调研报告

一、实训内容

按下面的说明，根据前面课题的实训内容，撰写采购市场报告。

二、实训操作步骤

采购市场调研报告要按规范的格式撰写，采购调研报告一般由标题、前言、目录、摘要、正文、附录六个部分组成。

步骤一　编写标题

1. 标题的要求

标题就是调研报告的题目，由报告内容决定。

（1）准确揭示调研报告的主题思想，做到文题相符。

(2) 高度概况，具有较强的吸引力。

2. 标题的写法

一般有单标题和双标题两种。

(1) 单标题就是报告标题只有一行。一般通过标题把调查单位和内容明确而具体的表现出来。

(2) 双标题就是报告的标题有两行，采用正、副标题的形式。一般正标题表达主题，副标题用于补充说明调查对象和主要内容。

步骤二　编写前言、目录、摘要

1. 前言部分

前言包括报告的调研背景、目标、范围、调查方法、调查内容、统计方法和必要的定义，以及调查人员对本项调查的态度等。

2. 目录部分

目录指主要章节的名称及所在的页码，可以通过 Word 引用中的“索引和目录”来设置。

3. 摘要及关键词部分

摘要是对报告内容的概述，摘要部分应简练地概况出报告的主要内容与主要运用的方法。关键词部分强调报告中能代表文章核心内容和思想的、出现频率最高的那些词。

步骤三　撰写正文

正文是采购调研报告的主要部分，主要包括调查项目的详细陈述、调查方法、调查内容、调查结果、结论和建议。正文部分应准确阐述全部有关论据，包括问题的提出、分析研究问题的方法、论证的全部过程、引出结论等。

正文通常包括引言、论述、结尾三个部分。

1. 引言

引言即调研报告的开头，好的开头可以使调研报告顺利展开，又能吸引读者。引言应围绕调查目的、调查方式和调查结论展开。

2. 论述

论述是调研报告的核心部分，决定着调研报告的质量高低和作用的大小。由于论述一般涉及内容很多，文字较长，所以常常需要用概括性或提示性的小标题突出文字的中心思想。

论述部分大致分为基本情况和分析部分两个方面内容。

(1) 基本情况

这部分要真实地反映客观事实，对调查资料和背景资料作客观的介绍说明，提出问题，其目的是要分析问题。

(2) 分析部分

这是调查报告的主要部分，这一部分要对资料进行质和量的分析，通过分析了解情况、说明问题、解决问题。

分析一般有成因分析、利弊分析、发展规律和趋势分析。

3. 结尾

结尾部分是调研报告的结束语。一般有三种形式：

（1）概括全文

综合说明调研报告的主要观点，深化报告的主题。

（2）形成结论

在对真实资料的科学分析的基础上得出报告结论。

（3）提出建议和看法

通过分析，形成对事物的看法，在此基础上提出建议或可行性方案。

步骤四 编写附录

附录通常包括数据汇总表、调查问卷、观测记录表、调查技术说明、统计表和参考文献等。

实训项目2　制作采购市场调研报告PPT并演讲

一、实训内容

结合已经撰写出的采购市场调研报告制作PPT幻灯片，并完成一次商务讲演。

二、实训操作步骤

步骤一 准备PPT

各小组在完成采购市场调研报告后，分析报告的内容、过程并制作PPT。

步骤二 准备演讲

（1）编写大纲和讲稿。要有清晰的思路与结构，准备要点而不应是完整的演讲稿，千万别对着听众读幻灯片。

（2）明确演讲的目的与听众。明确你的角色定位是公司采购部门的市场调研人员，做好了一份采购市场调研报告，现在向公司管理层进行汇报，为公司决策提供参考依据。

（3）演讲的心理准备。习惯紧张情绪，尽管你可能高度紧张，但这种感觉是可以隐藏的，听众未必知道。

（4）演讲练习。多加练习，这样就会对内容更加熟悉。

步骤三 进行演讲（具体内容参见模块二课题4的相关内容）

步骤四 回答听众提问

步骤五 结束演讲

步骤六 演讲评分

思考与练习

1. 如何确定一份采购市场调研报告的提纲和目录？

2. 一篇采购市场调研报告的正文内容都包括哪些？

模块四

销售市场调研

课题1 收集、分析竞争对手的商情信息

学习目标

1. 了解竞争对手调查分析的内容与方法。

2. 能够利用态势分析方法对企业内外部条件各方面内容进行综合分析，并选择和制定市场竞争策略。

课题引入

市场的竞争在于知己知彼，在这样一个瞬息万变的市场环境中，谁能掌握市场的先机，谁能及时把握竞争对手的动态，谁就在竞争中掌握了主动。所以对竞争对手进行分析就显得尤其重要。

本课题重点是学生选择自己熟悉或感兴趣的企业，完成关于某个制造企业的竞争对手分析。

相关知识

一、竞争对手分析的定义

为了规划有效的竞争策略，必须尽可能寻找有关竞争对手的资料，经常与那些实力相当的竞争对手在产品、价格、渠道、促销方面进行比较。只有这样，公司才能对竞争对手施以正确的攻击，并且能够准备防卫措施。

竞争对手分析，顾名思义就是系统性地对竞争对手进行思考和分析，这一分析的主要目的在于估计竞争对手对本公司的竞争性行动可能采取的战略和反应，从而有效地制定自己的战略方向及战略措施。

二、竞争对手调查的内容

竞争对手分析目的是为了有效地制定自己的战略方向及战略措施，所以，做竞争对手分析时收集的情报资料的对象包括本企业和竞争对手，并须进行比较分析。

1．本企业在竞争中的地位

本企业在竞争中的地位包括本企业的市场占有率、客户认识和评价、企业自身发展状况和趋势等。

2．企业的竞争对手

要界定主要的竞争对手，然后收集竞争对手的基本情况、竞争对手的优势与劣势、竞争对手的策略等相关情报。

竞争对手调查是一种长期性的调查工作，调查人员需建立目标企业的档案，定期进行核实调查，帮助企业掌握竞争对手的动态情况。

三、收集竞争对手商情信息的方法

1．网络信息搜索

网络信息搜索主要是利用搜索引擎检索信息。对具体公司的分析，可以通过直接访问目标企业的网站查询相关信息，对于上市公司还可以到相应的证券交易所查询相关信息，或者到专业的行业网站进行查询。

根据分析报告的定位与大纲采集相关信息，对于检索到的大量信息，还需要围绕调研主题进行整理，采集的信息要集中突出核心主题，对于偏离核心主题的信息要舍弃。

2．文献资料查询

文献资料查询是利用搜索引擎进行简单的关键词搜索，往往得到的都是一些新闻、热点信息。如果需要系统性的学术资料、研究方法、理论发展等，还是要查阅相关书籍、学术期刊、论文等资料。一般可以在图书馆查询或借阅，也可以通过网络检索所需的文献资料。

3．当事人访谈

商情分析报告与学术报告不同，商情分析有的时候就是需要定性分析，需要有敏锐的商业嗅觉，对客观事务给出自己的思考和判断。

商业意识，是要在商业行为中、与人交流中慢慢感悟的，计算机与书本是无法给我们清晰的感受的，所以，当事人访谈是商情分析工作中重要的信息来源。

4．一手资料积累

原始资料，是由亲自经历事件的人所提供的各种形式的材料和各种原著。如研究报告、产品样本、论文、报刊、政府出版物、档案材料、会议文献等出版物和非出版物。这种文献是我们搞好研究的第一手资料，对研究工作有很大的价值。

如果我们只坐在计算机前，这些原始资料是很难得到的。要得到这些一手资料，常常需要我们亲自去寻找，通过自己的观察统计或通过认识的人，走访企业，获取一手资料。

有些信息需要实地考察调研，如商品价格变动、品质、包装、广告、营销方式、销售渠道、消费者的偏好等。

5. 竞争对手信息的主要来源

对主要竞争对手的信息进行例行的、细致的、公开的收集是非常重要的基础工作。竞争信息的主要来源包括以下几部分：

(1) 年度报告

(2) 竞争产品的文献资料

(3) 内部报纸和杂志

这些信息通常是非常有用的，因为它们记载了许多详细信息，如重大任命、员工背景、业务单位描述、理念和宗旨的陈述、新产品和服务以及重大战略行动等。

(4) 竞争对手的历史

这对了解竞争对手文化、现有战略地位的基本原理以及内部系统和政策的详细信息是有用的。

(5) 广告

从广告可以了解主题、媒体选择、花费水平和特定战略的时间安排。

(6) 行业出版物

这对了解财务和战略公告、产品数据等诸如此类的信息是有用的。

(7) 对方公司高层管理人员的论文和演讲

这对于获得内部程序细节、组织的高级管理理念和战略意图是有用的。

(8) 销售人员的报告

虽然这些信息经常带有偏见性，但地区经理的信息报告提供了有关竞争对手、消费者、价格、产品、服务、质量、配送等的第一手资料。

(9) 顾客

来自顾客的报告可向内部积极索要获得，也可从外部市场调研专家处获得。

(10) 供应商

来自供应商的报告对于评价竞争对手投资计划、行动水平和效率等是非常有用的。

四、分析竞争对手的方法

在确立了重要的直接竞争对手以后，就需要对每一个竞争对手作出尽可能深入、详细的分析，揭示出每个竞争对手的长远目标、基本假设、现行战略和能力，并判断其行动的基本轮廓，特别是竞争对手对行业变化，以及当受到竞争对手威胁时可能作出的反应。

1. 竞争对手产品分析

一般认为，企业间的竞争往往在产品和服务层面展开。企业最关心的还是与对手的产品竞争。除了产品价格、品质、销量、市场份额外，还可以根据实际情况增加一些栏目，例如广告投入、发展趋势等。

市场营销和产品销售活动方面的信息是关于竞争对手如何对市场施加影响的。这些信息包括对手的销售队伍的组织和规模、促销活动、产品折扣、销售渠道、门店数量布局等信息。

2. 竞争对手财务指标分析

了解竞争对手的基本运营状况，详细内容将在模块五中做进一步说明。

3. 竞争对手的目标分析

需要考虑竞争对手的市场目标，竞争对手行为的驱动力，此外还必须考虑竞争对手在利润目标以外的目标，以及竞争对手的目标组合，并注意竞争对手对于不同产品与市场细分区域的目标。

4. 竞争对手的战略分析

公司战略与其他公司的战略越相似，公司之间的竞争越激烈。在多数行业里，竞争对手可以分成几个追求不同战略的群体。战略性群体即在某一行业里采取相同或类似战略的一群公司。确认竞争对手所属的战略群体，将影响公司某些重要认识和决策。

5. 竞争对手的优劣势分析

这就需要收集竞争者几年内的资料，一般而言，公司可以通过二手资料等来弄清楚竞争对手的强弱。也可以进行顾客价值分析来了解这方面的信息。

五、分析竞争对手的工具

在现在的战略规划报告里，态势分析应该算是一个众所周知的工具。

态势分析法（也称 TOWS 分析法、道斯矩阵）即 SWOT 分析法，20 世纪 80 年代初由美国旧金山大学的管理学教授海因茨·韦里克（Heinz Weihrich）提出，经常被用于企业战略制定、竞争对手分析等场合。

SWOT 分析即分析企业的优势（strength）、劣势（weakness）、机会（opportunity）和威胁（threats）。

因此，SWOT 分析实际上是将对企业内外部条件各方面内容进行综合和概括，进而分析组织的优劣势、面临的机会和威胁的一种方法。

优劣势分析主要是着眼于企业自身的实力及其与竞争对手的比较，而机会和威胁分析将注意力放在外部环境的变化及对企业可能的影响上。在分析时，应把所有的内部因素（即优劣势）集中在一起，然后用外部的力量来对这些因素进行评估。

通过 SWOT 分析，可以帮助企业把资源和行动聚集在自己的强项和有最多机会的地方。

1. 机会与威胁分析

环境发展趋势分为两大类：一类表示环境威胁，另一类表示环境机会。环境威胁指的是环境中一种不利的发展趋势所形成的挑战，如果不采取果断的战略行为，这种不利趋势将导致公司的竞争地位受到削弱。环境机会就是对公司行为富有吸引力的领域，在这一领域中，该公司将拥有竞争优势。

2. 优势与劣势分析

识别环境中有吸引力的机会是一回事，拥有在机会中成功所必需的竞争能力是另一回事。每个企业都要定期检查自己的优势与劣势，企业或企业外的咨询机构都可利用这一模式检查企业的营销、财务、制造和组织能力。每一要素都要按照特强、稍强、中等、稍弱或特弱划分等级。

影响企业竞争优势的持续时间，主要有三个关键因素：

（1）建立这种优势要多长时间？

（2）能够获得的优势有多大？

（3）竞争对手作出有力反应需要多长时间？

六、SWOT 分析工具的使用

1. SWOT 分析的一般步骤

（1）确认当前的战略。

（2）确认企业外部环境的变化（波特五力分析或 PEST 分析）。

（3）根据企业资源组合情况，确认企业的关键能力和关键限制。

（4）打分评价。

（5）将结果在 SWOT 分析图上定位。

（6）策略分析。

2. SWOT 策略选择和制定

SWOT 分析还可以作为选择和制定策略的一种方法，因为它提供了四种策略，即 SO 策略、WO 策略、ST 策略和 WT 策略。

（1）SO 策略：乘胜追击

状态说明：外部有机会，公司有优势（任何公司都希望自己处于这种状态）。

策略：充分发挥公司内部优势，抓住机遇。

（2）WO 策略：联盟

状态说明：存在一些外部机会，但公司内部有些劣势妨碍着它利用这些外部机会。

策略：利用外部资源来弥补公司内部劣势。

（3）ST 策略：守株待兔

状态说明：外部有威胁，公司有优势。

策略：利用公司的优势，以回避或减轻外部威胁的影响，最终将威胁转化为机遇。

（4）WT 策略：回避

状态说明：外部有威胁，公司有劣势。

策略：减少内部劣势同时回避外部环境威胁，不正面迎接威胁。

七、利用 SWOT 分析方法选择竞争策略案例

下例是对重组后的中国电信进行 SWOT 分析并得出相应的 SO 策略、WO 策略、ST 策略和 WT 策略。参考该案例选择一个企业对其与主要竞争对手做 SWOT 分析。

1. 优势分析

重组后中国电信的优势主要有以下六点：

（1）品牌优势。中国电信的品牌在用户中认知程度极高，多年来各级电信企业与地方政府以及各个行业保持了良好的合作关系，是中国电信独特而宝贵的无形资产。

（2）规模优势。固定网络规模最大、覆盖范围最广、渠道资源最为丰富、业务种类最多、业务品种最全。

（3）客户资源优势。经过几十年的发展，中国电信已拥有庞大的客户群体，规模化的客户群为企业持续发展奠定了坚实基础。

（4）技术优势。具有长期的电信网络运营维护经验，通信质量最为稳定。在新业务的应用和开发方面始终与国际领先水平保持一致。

（5）人才优势。集聚一批业界技术精湛的专家和各方面优秀的人才，是为客户提供优质服务的强有力保证。

（6）服务优势。各级电信已建立起较为完善的大客户、商业客户、公众客户、流动客户服务体系，健全完善了各项工作制度，拥有一支经验丰富、战斗力强的客户营销服务队伍。

2. 劣势分析

（1）2001 年的南北拆分让中国电信由主体电信企业降级到一个区域性的电信企业，主要阵地以南方市场为主，在北方十省市要达到全网覆盖尚须时日。

（2）资金流的短缺。近几年由于中国电信的固话业务不断萎缩，除了宽带外，其他产品还未完全展现规模优势而未带来大量的现金流。

（3）在历次拆分中历史包袱较重，冗员较多。

（4）自 1999 年移动业务从中国电信剥离出去后，中国电信已有近十年没有参与移动通信的运营，移动通信业务和网络运营人才相对中移动、中联通来说比较欠缺。

（5）中国电信作为在境外上市的中国公司，必须同时遵守上市地和中国法律的有关规定，不同体系的监管要求给公司的规范治理带来了操作上的复杂性。

3. 机会分析

（1）国民经济的持续快速发展，形成了潜力巨大的市场需求，为中国电信提供了更大的发展空间。

（2）电信业法律法规不断健全完善，电信业将进入依法管理的新阶段，为中国电信的发展创造了公平、有序的竞争环境。

（3）中国加入 WTO 后电信市场逐步对外开放，有利于中国电信借鉴国外公司的管理经验，积极地推进技术、创新体制，降低成本，完善服务质量，改进营销策略，增强核心竞争力。

（4）3G 移动牌照的发放。收购联通 CDMA 网络以及 3G 移动牌照的发放将有利于中国电信向客户提供全方位的综合服务。

4. 威胁分析

（1）随着中国加入 WTO，国际资本竞争压力也将逐步增大。国外电信运营商将通过合资、兼并和收购等方式实现全球服务化。增值业务将首当其冲地受到较大冲击，对中国电信业务收入的稳定增长产生影响。

（2）新技术新业务带来的冲击。以 VoIP、IPTV 等 IP 最新技术的迅猛发展，全球新型电信运营商给中国电信等固网运营商带来了非常大的冲击。非法经营的 VoIP 对传统电话形成越来越严重的威胁。

（3）移动通信替代固话的趋势日益明显，中国电信收购联通 C 网，C 网用户才 4 000 多万，很难撼动中国移动在移动市场的龙头地位。

（4）小灵通用户能否有效转网，如何转网。中国电信拥有近 6 000 万的小灵通用户，如何把小灵通的业务有效转到 C 网，将决定中国电信在未来几年的发展趋势。

SWOT 分析后列表如下：

表 4—1—1　　中国电信 SWOT 分析

内部能力 \ 外部因素	优势（Strength）	劣势（Weakness）
	1. 品牌、规模 2. 基础网络设施 3. 技术、人才 4. 管理	1. 历史包袱、冗员 2. 境外上市的公司治理 3. 资金流 4. 拆分
机会（Opportunity）	SO 策略	WO 策略
1. 国民经济快速发展 2. 法制完善 3. 社会信息化深入 4. 国际化 5. 3G 移动牌照	1. 发挥优势，利用收购联通 CDMA 网络在移动网络继续推进 2. 加强基础建设，提高运作能力	1. 加强培训、监督与考核 2. 科学管理 3. 技术、体制创新，降低成本，完善服务，改进营销策略
威胁（Threats）	ST 策略	WT 策略
1. 新技术 2. 高端人才流失 3. 移动替代固话 4. 小灵通转网 5. 国际资本竞争	1. 加强人力资源管理，防止高端人才流失 2. 积极开拓、宣传新业务，加强技术研发	1. 加强与其他通信企业交流，优势互补 2. 制定分段目标，逐步实施

实训演练

实训项目　竞争对手的商情收集、分析

一、实训内容

学生选择自己熟悉或感兴趣的企业，完成关于某个制造企业某个市场的竞争对手分析。

二、实训操作步骤

步骤一　界定直接竞争对手

任何一个企业都难以有足够的资源和能力，也没有必要与行业内的所有企业全面为敌、四面出击，它必须处理好主要的竞争关系，即与直接竞争对手的关系。

直接竞争对手是指那些向相同的顾客销售基本相同的产品或提供基本相同的服务的竞争者。公司可将制造相同产品或同级产品的公司都视为竞争对手。具体指市场上与本公司价格、品质、目标客户相似的产品，实力相当的企业。

步骤二　收集竞争对手的商情信息

参见相关知识中的“收集竞争对手商情信息的方法”，对竞争对手，特别是对主要竞争对手的商情信息进行收集整理。

步骤三　分析竞争对手

参考相关知识中的“分析竞争对手的方法”，对所选企业的主要竞争对手的产品、财务、战略目标、优劣势进行分析。

步骤四 利用SWOT分析方法选择竞争策略

参考相关知识中的案例，作出所选企业与主要竞争对手的SWOT分析，并为所选企业的业务选择和制定市场竞争策略。

知识链接

不同级别的经理对竞争对手分析关注的内容

不同部门和级别的经理对竞争对手分析的理解不同，关心的内容也各异。

销售经理关注如何建立竞争对手产品价格跟踪系统、定价、销售队伍的分布、业务能力、薪酬待遇和服务等内容。

市场营销经理最关心竞争对手的品牌定位、市场份额、产品的幅度和深度、广告开支、分销范围等。

生产运营经理注重竞争对手制造基地的成本定位、经济规模、供应链问题。

研发部经理最关心竞争对手的技术路线、关键技术、专利和创新能力等内容。

公司执行总裁们往往更关心财务杠杆、运营回报、合作关系等内容。

而集团公司总部的决策者们最关心影响集团发展的技术平台建设、集团纵向整合的程度、经营主体的地域覆盖和地点分布、部门之间的协作以及公司如何跟踪了解对手的资本运营手段和收购路线，以分析评价对手的市场定位和核心竞争力。

思考与练习

1. 什么是竞争对手分析？
2. 竞争对手分析的内容主要包括哪些？
3. 竞争对手分析的方法和工具都有哪些，在完成上述实训时你是如何运用的呢？

课题2 收集、分析客户信息

学习目标

1. 了解客户调查分析的内容与方法。

2. 能够通过收集、分析客户需求和资质信息，对公司某个市场业务进行市场竞争分析，并为公司选择和制定市场竞争策略。

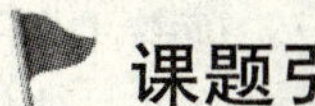

课题引入

销售人员主要做的事情是寻找和维系客户，卖出产品并收回货款。公司为了进一步巩固已有市场，开拓有价值的新客户，需要了解、分析客户信息。

本课题的重点是学生选择自己熟悉或感兴趣的企业，通过收集、分析客户需求和资质信息，对其市场业务进行市场竞争分析，并为其市场开展业务选择和制定市场竞争策略。

相关知识

客户是指通过购买企业产品或服务满足其某种需求的群体，也就是指跟个人或企业有直接经济关系的个人或企业。

对一般零售商来说，客户就是最终消费者，对一般厂商而言，客户还可能包括下游的采购商、代理商、经销商、零售商等。

客户信息包括客户需求信息和客户资质。了解客户需求信息是为了提供符合市场需求的产品，分析客户资质是为了更好的合作。

一、定义客户需求

成功的销售不是去说服客户，而是对客户的需求作出最精确的定义，根据定义出来的需求选择和解释产品。

一般情况下，产品销售成功的几率取决于消费者的需求和产品的结合程度，所以关键是把握消费者的真实需求，按照消费者的需求来对产品的款式、颜色、功能进行组合设计，提供给客户一件最适合的产品。

定义客户的需求就是指通过买卖双方的长期沟通，对客户购买产品的欲望、用途、功能、款式进行逐渐发掘，将客户心里模糊的认识以精确的方式描述并展示出来的过程。

二、客户需求信息的调研方法

客户需求信息是销售者了解市场的重要工具之一，通过它可以连续了解客户的实际情况，从中看到客户的销售动态，并能据此对市场动态作出判断，对于企业的经营销售和客户服务工作起着至关重要的参谋作用。

在实际工作中，应该注意客户需求信息资料的收集、整理，并予以充分运用。

客户需求信息资料收集的方法可以参考前一课题中“收集竞争对手商情信息的方法”，还可以采用以下主要方法：

1. 询问法

询问法是调查人员事先拟定调查项目，确定调查的内容或具体的问题，以某种方式向被调查对象提问，要求给予回答，由此获得信息资料。此种方法是调查的主要方法，适用于基本资料收集和意见征询及预测、分析。询问法又分为当面交谈法、电话询问法、邮寄调查法、问卷调查法等几种形式。

2. 观察法

观察法是由调查人员直接或通过仪器在现场观察被调查对象的行为并加以记录而获取信息的一种方法。它适用于新产品的宣传和促销及跟踪调查，有利于掌握客户对新品的第一感觉和评价，以便及时回馈相关信息。观察法又可分为直接观察法、亲身经历法、痕迹观察法、行为记录法等几种形式。

3. 委托专业调查机构收集客户需求信息

企业本身的客户资信调查人员并非专业人士，造成收集的信息客观性相对较差。但是这种信息来源渠道的好处是不必花费额外的费用，信息收集工作在日常接触过程中就可以顺便进行。委托专业调查机构收集客户需求信息，相对比较专业、可靠，但是费用较大。

三、客户ABC分类法

客户ABC分类法是根据事物在技术或经济方面的主要特征，进行分类排队，分清重点和一般，从而有区别地确定管理方式的一种分析方法。由于它把分析的对象分成A、B、C三类，所以又称为ABC分析法。其中A类约占10%～15%，B类约占15%～25%，余下为C类，其中A类为最重要的成熟客户。具体来讲，ABC客户分别是指：

1. A类客户

A类客户代表“重要的少数”，是指通过ABC法则，在目标客户群中选取的重点细分客户，在该细分客户中投入相当于竞争对手两倍的人力、物力和财力。这类客户量少价值高，他们应备受重视而享有最佳的客户开发管理，包括最完整的服务记录、最充裕的服务时间、最细心周到的服务措施等。及时执行公司营销计划并反馈客户信息，选择最佳的服务方案，建立最佳的客户跟踪档案，从而能够在短期内迅速赢得该类重点客户。

2. B类客户

B类客户是指数量和质量介乎C类与A类之间的客户。通常要把对这类客户的跟踪工作作为管理的重点，不时地拜访他们，听取他们的意见加以改进。可采用培育的方式进行，当该类客户数量由于质素变动降到某一特定水平时，应自动增补该类客户并加以培育。

3. C类客户

C类客户是指“琐碎的多数”，这类客户量多且价值低。对这类客户来说，不宜有过多的管理，但也不能缺少关注。因为若进行过多的管理，则所花的时间和费用可能超过这些客户本身的价值。因此在一般情况下，对C类客户的工作可以按部就班，但还要仔细分辨是否能列入B类或A类，以避免误判而导致损失。当发觉这类客户数量过少时，设法加以补充和关注。

四、终端消费者调研

收集消费者需求信息，可以通过搜索相关资料、走访、调查问卷等形式，内容主要包括以下几个方面：

（1）消费者的结构。

（2）消费者的需求特点、数量、种类。

（3）消费者的购买动机和购买习惯。

（4）消费者的购买能力和购买行为。

(5) 了解市场性质（顾客分布、顾客特征、顾客变化、市场比较、潜在市场的决定、销售额的预测）。

(6) 了解消费者的动机（购买动机、影响动机的因素、发现产品及店铺的选择背后的动机、分析购物及产品比较的动机）。

(7) 了解消费者的态度（发现消费者对店铺、产品的态度，弄清消费者的不满，分析态度的相对强度，消费者对店铺、对产品形象的决定，对店铺方便性的态度，评价对购买计划的态度）。

(8) 对偏好的认识（店铺偏好，产品偏好，对店铺、对产品的忠诚度，评价买卖领域的选择条件，购买频率）。

(9) 了解购买意图（购买意图评价、希望和购买意图间的关系、购买意图的实现程度）。

五、企业客户调研

对一般零售商来说，客户就是最终消费者，对一般厂商而言，客户还可能包括：下游的采购商、代理商、经销商、零售商等。

随着市场竞争的激烈，几乎各行各业都是买方市场，“一手交钱，一手交货”的时代已经过去，谁不赊销，谁就被淘汰，因此企业必须学会赊销，大量赊销，以迎接国际国内市场的挑战。在赊销之前收集、关注客户的资信状况信息，为客户资信状况评价准备资料，这也是应收账款管理的起点。

1. 调理企业概况

调理企业概况包括公司名称、地址、电话、传真、邮编、企业性质、业务范围、员工总数等。

2. 了解历史背景

了解历史背景包括成立日期、注册机关、注册资金及号码、历史沿革、股东、股份、上级主管部门等。

3. 管理人员动态

管理人员动态包括企业组织框架，最高权力机构，其法定代表人、董事长、总经理、副总经理等的姓名、教育背景、工作经历等情况。

一个企业能在稳定中求发展，主要在于公司本身组织健全，人事安定，有精明强干的经营领导，这样才能使公司步入坦途。假如企业经常改组，董事长及总经理经常易人，表明该企业人事紊乱，经营政策摇摆不定，一旦与这样的企业做交易，就应密切注意其动态。

4. 分析财务状况

分析财务状况包括资产负债表、损益表、财务比率分析等。

财务分析是很重要的信用信息，通过对企业财务状况的分析，可以预测潜在的信用风险。从损益表中可看出企业的盈亏情况，这是企业经营是否成功的重要标志之一。企业的资产管理和融资结构则从资产负债表中体现出来。从资产负债表的分析中可看出企业资产的种类分布是否合理，债务和权益各自所占的比例，以及债务的组合是怎样的（短期还是长期，银行债务还是应付账款）。据此能大致预测出企业在应收账款到期时是否有能力付款。财务比率分析是用财务报表的不同项目的比率关系来评价企业的财务状况。通过这些比率，如投资报酬率、销货报酬率、平均收款周期可以衡量出企业的经营效率以及企业对应收账款管理的有效程度。

5. 银行往来

银行往来包括企业开户银行及账号。

按规定，企业资金往来账户只能有一个开户行和一个账号，如是进出口企业，则还另有一个外币账户和账号。

6. 经营状况

经营状况包括主营、兼营范围，主要产品及产量，原材料采购，产品销售区域，购买及销售付款方式，企业商业信誉，主要供应商的名称、电话，附属企业基本信息、员工状况、办公环境及面积。

从以上信息可看出企业经营的是何种业务以及企业的多样性；企业有无稳定的供货来源；产品或服务的市场分布如何，是地区性的、国内的，还是国际的；办公、地理位置条件如何；员工工作紧张程度如何。所有这些都能反映出企业的经营水平和经营状态。

7. 总体评述

总体评述是分析人员对企业的分析及建议。

在如实提供调查报告的基础上，资信机构可依据这些已获取的资料加上自己的经验对企业目前的信用状况提出恰当的见解和建议。

六、设计调查问卷

1. 明确调查目的和内容

在问卷设计中，最重要的一点，就是必须明确调查目的和内容，这不仅是问卷设计的前提，也是它的基础，为什么要做调查，而调查需要了解什么？市场调查的总体目的是为决策部门提供参考依据，目的可能是为了制定长远性的战略性规划，也可能是为制定某阶段或针对某问题的具体政策或策略，无论是哪种情况，在进行问卷设计的时候都必须对调查目的有一个清楚的认知，并且在调查计划书中进行具体的细化和文本化。

调查的内容可以是涉及民众的意见、观念、习惯、行为和态度的任何问题，可以是抽象的观念，例如人们的理想、信念、价值观和人生观等；也可以是具体的习惯或行为，例如人们接触媒介的习惯、对商品品牌的喜好、购物的习惯和行为等。但是应该避免在调查内容上有令被调查人难以回答，或者是需要长久回忆而导致模糊不清的问题。

具体来说，调查内容需要包括受调查人的分群、消费需求（主要有产品、价格、促销）和竞争对手的情况。

2. 明确针对人群，问卷设计的语言措辞选择得当

问卷题目设计必须有针对性，对于不同层次的人群，应该在题目的选择上有的放矢，必须充分考虑受调查人群的文化水平、年龄层次和协调合作的可能性。除了在题目的难度和题目性质的选择上应该考虑上述因素，在语言措辞上同样需要注意这点。

比如面对家庭主妇做的调查，在语言上就必须尽量通俗，而对于文化水平较高的城市白领，在题目和语言的选择上就可以提高一定的层次。

3. 在问卷设计的时候，就应该考虑数据统计和分析是否易于操作

目前做市场调查的人员，一般都能考虑市场调查的目的和内容，在题目选择和言语措辞上也能够综合考虑各种因素，但是往往容易忽视的一个问题就是数据的统计和分析，因为这两个环节的工作基本上是人员分离的，所以在整合和衔接上就容易出现偏差。

为了更好地进行调查工作，除了在正确清楚目的的指导下进行严格规范的操作，还必须在问卷设计的时候就充分考虑后续的数据统计和分析工作。具体来说，包括题目的设计必须是容易录入的，并且可以进行具体的数据分析，即使是主观性的题目在进行文本规范的时候也要具有很强的总结性，这样才能使整个环节更好地衔接起来。

4. 问题数量合理化、结构合理、语言文明规范

问题的形式和内容固然重要，但是问题的数量同样是保证一份问卷调查是否成功的很关键的因素。人们往往不愿意接受一份繁杂冗长的问卷，即使出于礼貌接受，也不可能认真地完成，这样就不能保证问卷答案的真实性。

同时在问题设计的时候也要注意逻辑性的问题，不能产生矛盾的现象，并且应该尽量避免假设性问题，保证调查的真实性。为了使受调查人员能够更容易回答问题，可以对相关类别的题目列框，使受调查人员一目了然，在填写的时候自然就会比较愉快的配合。

另外，主观性的题目应该尽量避免，或者换成客观题目的形式，如果确实有必要的话，应该放在最后面，一般不要超过三个。

5. 消费者调查问卷范例

提示：在问卷采访过程中，一定要自然放松。切忌拿着问卷好像考试一样，让受访人一项项来填。大多数的人在面对此种情形时往往会心里感觉不舒服，答案自然也会有所偏差。

访问员应注意：

(1) 问卷采用提问形式开始，尽量不要直接将问卷塞给受访者。

(2) 将主要购买者作为调查对象，如果有两个主要购买者，性别不同选女性，年纪不同选择年轻者作为调查对象。

开场白：您好！我是张斌，我们公司在进行一项饼干的市场调查，希望您能参与。如果您的回答对我们的工作有帮助，您除了可以参加抽奖以外还将有优先机会参与公司今后的一些活动（出示奖品）。

首先我想请问你：

(1) 您家有没有人在饼干生产厂工作？

有　停止调查　　　　　　　　无　继续调查

(2) 请问您最近三个月内接受过类似的市场调查吗？

是　停止调查　　　　　　　　否　继续调查

发放调查问卷：

饼干市场调查问卷

亲爱的用户：

本次调研活动由××有限公司发起，旨在调研用户的饼干消费状况，以期为用户提供更优质的服务。

请您按照您的真实情况和想法填写下面的问卷（在选项序号上打√）。公司承诺所有的数据和个人资料都将严格保密，并只用做数据的整体统计分析。

（一）基本资料

1. 您的性别（　）

A. 男　B. 女

2. 您的年龄（　）

A. 15～19　B. 20～24　C. 25～29

D. 30～34　E. 35～39　F. 40～44

G. 45～49　H. 50～54　I. 55岁以上

3. 您的文化程度（　）

A. 小学毕业　B. 初中毕业　C. 高中/中专

D. 大专/本科　E. 本科以上

4. 在您家里一周内有5天以上和您住在一起的（包括您）有几人（　）

A. 1　B. 2　C. 3～4　D. 5个以上

5. 您的职业（　）

A. 退休　B. 机关、事业单位管理人员　C. 机关、事业单位办事员

D. 国有企业管理人员　E. 国有企业一般职工　F. 三资企业老总级

G. 三资企业高级职员　H. 三资企业一般职员　I. 教育界

J. 文体界　K. 个体户　L. 学生

6. 您平均月收入（　）（单位：元）

A. 500以下　B. 500～1 000　C. 1 000～2 000

D. 2 000～4 000　E. 4 000以上

（二）购买形态

1. 您一般在什么地方买饼干（　）

A. 百货商店　B. 食品专卖店　C. 超市　D. 小卖部　E. 网上

2. 平时您家里买不买饼干（　）

A. 经常买　B. 偶尔买　C. 很少买　D. 不买

3. 最近一次买饼干买的是（　）品牌

A. 特趣　B. 日清　C. 港龙　D. 龙达　E. 泰康

F. 康元　G. 奇宝　H. 旺旺　I. 统泰

J. 其他____________（请注明）

（　）品种

A. 甜饼干　B. 苏打　C. 夹心　D. 华夫饼干

E. 麦酥饼干　F. 巧克力饼干　G. 葱油饼干　H. 果味饼干

I. 其他____________（请注明）

4. 您一般买的是（　）

A. 散装饼干　B. 袋装饼干　C. 礼品装　D. 其他

5. 您买饼干是（　　）

A. 认准一个牌子买　　B. 以您认的牌子为主，有时也买其他牌子

C. 不一定，想到什么就买什么　　D. 总是尝试新品牌、新品种

E. 广告做得多的相对多买一些

（三）消费形态

1. 您买饼干一般是给谁吃（　　）

A. 老人　B. 自家大人　C. 小孩　D. 客人（成人）

E. 客人（小孩）F. 送人　G. 其他

2. 他们什么场合吃（　　）

A. 当早餐　B. 当午餐　C. 当晚餐　D. 日常充饥　E. 偶尔充饥

F. 旅游　G. 休闲　H. 做客　I. 其他

（四）产品偏好

1. 您或家人平时喜欢吃饼干吗？（　　）

A. 非常喜欢　B. 一般喜欢　C. 不喜欢　D. 很不喜欢

2. 您选择饼干较注重饼干的（　　）

A. 品牌　B. 种类　C. 口味　D. 外包装

E. 形状　F. 色泽　G. 价格　H. 其他

七、确定调查对象与抽样

1. 确定调查对象

调查对象是根据调查目的、调查内容所确定的调查范围及所要调查的总体。客户信息包括最终消费者，还可能包括下游的采购商、代理商、经销商、零售商等。

2. 确定调查单位

调查单位就是所要调查对象中的一个具体单位。例如，选择了下游的采购商作为调查对象，调查单位指的就是某家具体的下游采购商。

3. 进行抽样

大范围的市场调查虽然会有较高的准确度，但成本过大。为了使有限资源得到充分利用，并尽可能提高调查准确度，在调查之前，采购人员应进行合理的抽样。

（1）明确样本要求

确定调查单位的范围，一般需要考虑：

如果以重点调查方式对供应商进行调查，因供应商众多，一般只对信誉度高、执行合同能力强的供应商进行重点调查。

如果调查的目的是为了开发新的供应商，则应该扩大调查范围，针对生产某一材料和零部件的供应商进行调查。

（2）确定抽样方法

为了在有限的资源下获得尽可能准确的数据，可以在样本总体中抽取部分样本的方法来进行。例如，随机抽样、立意抽样（凭主观经验判断）等。

（3）确定样本数量

根据调查经费、人力、时间、设备及调查结果准确度的要求，选择需要的调查样本数量。

八、市场策略选择

企业对顾客需求差异予以定位，即客户的需求、动机、购买行为的多元性和差异性来进行市场细分，目的是通过选择合适的目标市场来取得较大的经济效益。

根据各个细分市场的独特性和公司自身的目标，有三种目标市场策略可供选择：

1. 薄利多销策略

薄利多销策略是指公司用低价市场营销办法来招徕顾客。当公司断定各个细分市场之间只有很少差异时可考虑采用这种市场营销策略。

2. 密集性策略

密集性策略是指公司将一切市场营销活动集中于一个或少数几个有利的细分市场。

3. 差异性策略

差异性策略是指公司根据各个细分市场的特点，相应扩大某些产品的花色，式样和品种，或制订不同的营销计划和办法，以充分适应不同消费者的不同需求，吸引各种不同的购买者，从而扩大各种产品的销售量。

实训演练

实训项目　收集、分析客户信息

一、实训内容

选择自己熟悉或感兴趣的企业，完成关于某个制造企业某个市场的客户分析。

试通过收集、分析所选企业的客户需求和资质信息，对其进行市场竞争分析，并为所选企业开展业务选择和制定市场竞争策略。

二、实训操作步骤

步骤一　客户资料收集

完成所选企业主要客户资料的收集、整理。包括客户类型、客户单位、采购量、为公司带来的利润等。

步骤二　客户 ABC 分类管理

确定所选企业的主要客户群，分析主要客户的采购量以及为公司带来的利润，对客户进行 ABC 分类管理。

步骤三　客户需求信息调研

参考前一课题中“收集竞争对手商情信息的方法”，并通过实地考察，完成所选企业客户需求信息资料的收集、整理。

步骤四　整理调查资料

客户需求信息调查结束后，即进入调查资料的整理和分析阶段，收集好已填写的调查表后，由调查人员对调查表进行逐份检查，剔除不合格的调查表，然后将合格调查表统一编号，以便于调查数据的统计。

调查数据的统计可利用 Excel 电子表格软件完成；将调查数据输入计算机，经 Excel 软件运算后，即可获得已列表格的统计数据，利用上述统计结果，按照调查目的的要求，针对调查内容进行全面的分析。

步骤五 分析客户需求，确立目标市场策略

企业对顾客需求差异予以定位，即客户的需求、动机、购买行为的多元性和差异性来进行市场细分，为所选企业选择合适的目标市场以取得较大的经济效益。

知识链接

一、美国米勒公司营销案例

在 20 世纪 60 年代末，米勒啤酒公司在美国啤酒业排名第八，市场份额仅为 8%，与百威、蓝带等知名品牌相距甚远。为了改变这种现状，米勒公司决定采取积极进攻的市场战略。

他们首先进行了市场调查。通过调查发现，若按使用率对啤酒市场进行细分，啤酒饮用者可细分为轻度饮用者和重度饮用者，而前者人数虽多，但饮用量却只有后者的 1/8。

他们还发现，重度饮用者有着以下特征：多是蓝领阶层，每天看电视 3 个小时以上，爱好体育运动。米勒公司决定把目标市场定位在重度使用者身上，并果断决定对米勒的“海雷夫”牌啤酒进行重新定位，重新定位从广告开始。他们首先在电视台特约了一个“米勒天地”的栏目，广告主题变成了“你有多少时间，我们就有多少啤酒”，以吸引那些“啤酒坛子”。广告画面中出现的都是些激动人心的场面：船员们神情专注地在迷雾中驾驶轮船，年轻人骑着摩托车冲下陡坡，钻井工人奋力止住井喷等。

结果，“海雷夫”的重新定位战略取得了很大的成功。到了 1978 年，这个牌子的啤酒年销售达 2 000 万箱，仅次于 AB 公司的百威啤酒，在全美名列第二。

二、代理商资质调查案例

某 A 集团准备在江西寻找代理商，经过层层筛选，最后锁定两家，一家在南昌，一家在九江。A 集团决定对两家公司进行实地调查，要求调查人员把两家公司实地的真实情况反馈回来，作为决策依据。

根据客户提供的情况，他们曾派律师到这两家公司看过，反馈的情况都是不错。但到底是怎么样，他们心里没底。A 集团在作重大决策前，没有匆忙下决定，而是务实的委托专业机构进行实地调查。

接受委托之后，调查人员立刻指派调查人员亲赴南昌和九江展开调查。经过长达 15 天的实地调查，调查结果显示：南昌公司所称的分支机构 12 家，有 8 家虚假。其拖欠房租有两万多元。九江公司情况与资料基本一致，但其办公场所条件不够理想，内部只有 7 个工作人员。其负责人工作过的公司对其反映尚好。3 天后，上述客观情况被制作成报告，提交给 A 集团。

上述案例，说明了两个问题，第一，要有风险防范意识，不能匆忙进行决策。第二，调

查所获取的信息必须全面，缺乏足够量的调查从某种意义上来说，等于埋下失败的种子。

思考与练习

1. 客户信息收集分析包括哪些内容？
2. 设计一份家装市场的涂料消费者调查问卷，并进行调研分析。

课题 3　分析产品市场定位

学习目标

1. 了解公司市场定位的一般方法。
2. 能够利用波士顿矩阵分析公司产品定位。

课题引入

通过分析竞争对手与客户信息，对市场有了一定的了解。一般而言，企业还应该进行市场定位，企业需要根据客户需求对目标消费者或目标消费者市场进行选择；然后进行产品定位。产品定位是指企业对用什么样的产品来满足目标消费者或目标消费市场的需求。产品定位是对目标市场的选择与企业产品结合的过程，也是将市场定位企业化、产品化的工作。

本课题要求对前一课题所选择的公司进行市场定位、产品定位与价格定位。

相关知识

一、公司市场定位的内容

市场定位就是要使本企业与其他企业区分开来，使顾客明显感觉和认识到这种差别，从而在顾客心目中占有特殊的位置。市场定位的关键是企业要设法在自己的产品上找出比竞争者更具有竞争优势的特性。

竞争优势一般有两种基本类型：一是价格竞争优势，就是在同样的条件下比竞争者定出更低的价格。这就要求企业采取一切努力来降低单位成本。二是偏好竞争优势，即能提供确定的特色来满足顾客的特定偏好。这就要求企业采取一切努力在产品特色上下工夫。

二、市场定位的原则

各个企业经营的产品不同，面对的顾客也不同，所处的竞争环境也不同，因而市场定位所依据的原则也不同。总的来讲，市场定位所依据的原则有以下四点：

1. 根据具体的产品特点定位

构成产品内在特色的许多因素都可以作为市场定位所依据的原则。比如所含成分、材料、质量、价格等。"七喜"汽水的定位是"非可乐"，强调它是不含咖啡因的饮料，与可乐类饮料不同。"泰宁诺"止痛药的定位是"非阿斯匹林的止痛药"，显示药物成分与以往的止痛药有本质的差异。一件仿皮皮衣与一件真正的水貂皮衣的市场定位自然不会一样，同样，不锈钢餐具若与纯银餐具定位相同，也是令人难以置信的。

2. 根据特定的使用场合及用途定位

为老产品找到一种新用途，是为该产品创造新的市场定位的好方法。比如，小苏打曾一度被广泛用做家庭的刷牙剂、除臭剂和烘焙配料，现在已有不少的新产品代替了小苏打的上述一些功能。小苏打可以定位为冰箱除臭剂，另外还可做调味汁和肉卤的配料，还可以作为冬季流行性感冒患者的饮料。再如，我国曾有一家生产"曲奇饼干"的厂家最初将其产品定位为家庭休闲食品，后来又发现不少顾客购买是为了馈赠，又将之定位为礼品。

3. 根据顾客得到的利益定位

产品提供给顾客的利益是顾客最能切实体验到的，也可以用做定位的依据。

1975 年，美国米勒啤酒公司推出了一种低热量的"Lite"牌啤酒，将其定位为喝了不会发胖的啤酒，迎合了那些经常饮用啤酒而又担心发胖的人的需要。

4. 根据使用者类型定位

企业常常试图将其产品指向某一类特定的使用者，以便根据这些顾客的看法塑造恰当的形象。

美国米勒啤酒公司曾将其原来唯一的品牌"高生"啤酒定位于"啤酒中的香槟"，吸引了许多不常饮用啤酒的高收入妇女。后来发现，占 30%的狂饮者大约消费了啤酒销量的 80%，于是，该公司在广告中展示石油工人钻井成功后狂欢的镜头，还有年轻人在沙滩上冲刺后开怀畅饮的镜头，塑造了一个"精力充沛的形象"。在广告中提出"有空就喝米勒"，从而成功占领啤酒狂饮者市场达 10 年之久。

事实上，许多企业进行市场定位依据的原则往往不止一个，而是多个原则同时使用。因为要体现企业及其产品的形象，市场定位必须是多维度的、多侧面的。

三、波士顿矩阵

波士顿矩阵又称 BCG 矩阵，是将组织的每一个战略事业单位标在一种二维的矩阵图上，从而显示出哪个能提供高额的潜在收益，以及哪个是组织资源的漏斗。BCG 矩阵包括四种业务组合。

1. 问题型业务（Question Marks）

问题型业务具有高增长、低市场份额。处在这个领域中的是一些投机性产品，有较大的风险。这些产品可能利润率很高，但占有的市场份额很小，往往是一个公司的新业务。为发展问题业务，公司必须建立工厂，增加设备和人员，以便跟上迅速发展的市场，并超过竞争对手，这些意味着大量的资金投人。"问题"非常贴切地描述了公司对待这类业务的态度，因为这时公司必须慎重回答"是否继续投资，发展该业务"这个问题。只有那些符合企业发展长远目标、企业具有资源优势、能够增强企业核心竞争力的业务才得到肯定的回答。得到肯定回答的问题型业务适合于采用战略框架中提到的增长战略，目的是扩大市场份额，甚至不惜放弃近期收入来达到这一目标，因为要使问题型业务发展成为明星型业务，其市场份额必须有较大的增长。得到否定回答的问题型业务则适合采用收缩战略。

2. 明星型业务（Stars）

明星型业务具有高增长、高市场份额。这个领域中的产品处于快速增长的市场中并且市场份额占有支配地位，但也许会或也许不会产生正现金流量，这取决于新工厂、设备和产品开发对投资的需要量。明星型业务是由问题型业务继续投资发展起来的，可以视为高速成长市场中的领导者，它将成为公司未来的现金牛业务。但这并不意味着明星业务一定可以给企业带来源源不断的现金流，因为市场还在高速成长，企业必须继续投资，以保持与市场同步增长，并击退竞争对手。企业如果没有明星型业务，就失去了希望，但群星闪烁也可能会闪花企业高层管理者的眼睛，导致作出错误的决策。这时必须具备识别行星和恒星的能力，将企业有限的资源投入到能够发展成为现金牛的恒星上。同样的，明星型业务要发展成为现金牛业务适合于采用增长战略。

3. 现金牛业务（Cash Cows）

现金牛业务具有低增长、高市场份额。处在这个领域中的产品产生大量的现金，但未来的增长前景是有限的。这是成熟市场中的领导者，是企业现金的来源。由于市场已经成熟，企业不必大量投资来扩展市场规模，同时作为市场中的领导者，该业务享有规模经济和高边际利润的优势，因而给企业带来大量现金流。企业往往用现金牛业务来支付账款并支持其他三种需要大量现金的业务。现金牛业务适合采用战略框架中提到的稳定战略，目的是保持市场份额。

4. 瘦狗型业务（Dogs）

瘦狗型业务具有低增长、低市场份额。这个剩下的领域中的产品既不能产生大量的现金，也不需要投入大量的现金，这些产品没有希望改进其绩效。一般情况下，这类业务常常是微利甚至是亏损的，瘦狗型业务存在的原因更多的是由于感情上的因素，虽然一直微利经营，但像人养了多年的狗一样恋恋不舍而不忍放弃。其实，瘦狗型业务通常要占用很多资源，如资金、管理部门的时间等，多数时候是得不偿失的。瘦狗型业务适合采用战略框架中的收缩战略，目的在于出售或清算业务，以便把资源转移到更有利的领域。

BCG 矩阵的精髓在于把战略规划和资本预算紧密结合起来，把一个复杂的企业行为用两个重要的衡量指标来分为四种类型，用四个相对简单的分析来应对复杂的战略问题。该矩阵帮助多种经营的公司确定哪些产品宜于投资，宜于操纵；哪些产品难以获取利润，宜于从业务组合中剔除，从而使业务组合达到最佳经营成效。

四、囚徒困境博弈

博弈论对人的基本假定是：人是理性的（或者说自私的），理性的人是指他在选择具体策略时的目的是使自己的利益最大化，博弈论研究的是理性的人之间如何进行策略选择。

在博弈论中，一个著名例子是由阿尔伯特·塔克（Albert Tucker）给出的“囚徒困境”（Prisoners' Dilemma）博弈模型。该模型用一种特别的方式讲述了一个警察与小偷的故事。

假设有两个小偷 A 和 B 联合作案，私入民宅被警察抓住。警方将两人分别置于不同的两个房间内进行审讯。对每一个犯罪嫌疑人，警方给出的政策是：如果一个犯罪嫌疑人坦白了罪行，交出了赃物，且证据确凿，两人都被判有罪；如果另一个犯罪嫌疑人也作了坦白，则两人各被判刑8年；如果另一个犯罪嫌疑人没有坦白而是抵赖，则以妨碍公务罪（因已有证据表明其有罪）再加刑2年，而坦白者有功被减刑8年，立即释放；如果两人都抵赖，则警方因证据不足不能判两人的偷窃罪，但可以私入民宅的罪名将两人各判入狱1年。

表4—3—1给出了这个博弈的矩阵。

表4—3—1　　囚徒困境博弈

	B坦白	B抵赖
A坦白	−8，−8	0，−10
A抵赖	−10，0	−1，−1

我们来看看这个博弈可预测的均衡是什么。

对A来说，他不知道B作何选择。

如果B选择“坦白”，看表4—3—2，A选择什么对自己最优呢？选择“坦白”，判刑8年，选择“抵赖”，判刑10年，对他而言，他选择“坦白”是最优的。

如果B选择“抵赖”，A选择什么对自己最优呢？选择“坦白”，判刑0年，选择“抵赖”，判刑1年，对他而言，他选择“坦白”是最优的。

表4—3—2　　囚徒A的博弈

	B坦白	B抵赖
A坦白	−8，−8	0，−10
A抵赖	−10，0	−1，−1

无论B选择什么，对A而言，选择“坦白”总是最优的。

同样的，B也会选择“坦白”，结果是两人都被判刑8年。

倘若他们都选择“抵赖”，每人只被判刑1年。在表4—3—1中的四种行动选择组合中，（抵赖、抵赖）是最优的，因为偏离这个行动选择组合的任何其他行动选择组合都至少会使一个人的境况变差。

但是，“坦白”才是任一犯罪嫌疑人的占优战略，（坦白，坦白）是一个占优战略均衡。

实训演练

实训项目　对某公司进行产品市场定位

一、实训内容

对前一课题所选择的企业进行市场定位、产品定位和价格定位。

二、实训操作步骤

1. 分析公司市场定位

企业市场定位的全过程可以通过以下步骤完成：

步骤一 分析目标市场的现状，确认本企业潜在的竞争优势

这一步骤的中心任务是要回答以下三个问题：

（1）竞争对手产品定位如何？

（2）目标市场上顾客欲望满足程度如何以及确实还需要什么？

（3）针对竞争者的市场定位和潜在顾客的真正需要的利益要求企业应该及能够做什么？

要回答这三个问题，企业市场营销人员必须通过调研，系统地设计、搜索、分析客户需求并报告有关上述问题的资料和研究结果，把握和确定自己的潜在竞争优势。

步骤二 准确选择竞争优势，对目标市场初步定位

竞争优势表明企业能够胜过竞争对手的能力。

这种能力既可以是现有的，也可以是潜在的。选择竞争优势实际上就是一个企业与竞争者各方面实力相比较的过程。

通常的方法是分析、比较企业与竞争者在经营管理、技术开发、采购、生产、市场营销、财务和产品七个方面究竟哪些是强项，哪些是弱项。借此选出最适合本企业的优势项目，以初步确定企业在目标市场上所处的位置，从而确定企业的目标顾客群。

步骤三 显示独特的竞争优势和重新定位

这一步骤的主要任务是企业要通过一系列的宣传促销活动，将其独特的竞争优势准确传播给潜在顾客，并在顾客心目中留下深刻印象。

企业首先应使目标顾客了解、知道、熟悉、认同、喜欢和偏爱本企业的市场定位，在顾客心目中建立与该定位相一致的形象。

其次，企业通过各种努力强化目标顾客形象，保持目标顾客对企业的了解，稳定目标顾客的态度和加深目标顾客的感情来巩固与市场相一致的形象。

最后，企业应注意目标顾客对其市场定位理解出现的偏差或由于企业市场定位宣传上的失误而造成的目标顾客模糊、混乱和误会，及时纠正与市场定位不一致的形象。

在下列情况下应考虑重新定位：

（1）竞争者推出的新产品定位与本企业产品相近，侵占了本企业产品的部分市场，使本企业产品的市场占有率下降。

（2）消费者的需求或偏好发生了变化，使本企业产品销售量骤减。

2. 市场规模分析

小市场一般吸引不了大的或新的竞争者；大市场常能引起企业的兴趣，因为它们希望在有吸引力的市场中建立稳固的竞争地位。预测本企业产品销售额的步骤如下：

步骤一 确定目标市场

确定了市场的地理区域，再加上对目标顾客的描述，就可以得到某个市场潜在顾客的数目。

步骤二 确定消费率或使用率

计算或估计出用户对企业产品或服务的使用频率，消费率可以用年总量或年平均量来表示。

步骤三　计算目标市场潜在的年购买量

把第一步的结果与第二步的结果相乘，就可以得到结果。

步骤四　估计销售量

把第三步得出的市场潜量与预计要达到的市场份额相乘，就可以估算出本企业产品或服务的潜在销量。

步骤五　估计最高定价

需要确定或估计出消费者愿意为单位产品或服务出多少钱。

步骤六　预测销售额

将第四步中得到的估计销售量与第五步中的销售价相乘，就可以得到估计的销售额。

3. 利用波士顿矩阵分析公司产品定位

步骤一　评价各项业务的前景。BCG是用“市场增长率”这一指标来表示发展前景的。

步骤二　确定纵坐标“市场增长率”的一个标准线，从而将“市场增长率”划分为高、低两个区域。比较常用的方法有两种：

（1）把该行业市场的年平均增长率作为界分点。

（2）把该行业多种产品的市场增长率（加权）平均值作为界分点。

说明：高市场增长定义为销售额至少达到10%的年增长率（扣除通货膨胀因素后）。

步骤三　评价各项业务的竞争地位。BCG是用“相对市场份额”这个指标来表示竞争力的。

步骤四　确定横坐标“相对市场份额”的一个标准线，从而将“相对市场份额”划分为高、低两个区域。

“相对市场份额”是指该战略业务单位的市场份额与该市场最大竞争者的市场份额之比。用公式表示为：

相对市场份额＝该战略业务单位的市场份额/该市场最大竞争者的市场份额

BCG矩阵的发明者布鲁斯认为，这个界分值应当取为2，实际情况肯定会与其有差距，可根据自身的情况制定出相应的数值，比如1，有的时候只是做原则上的笼统说明。

当本企业是市场领导者时，这里的“最大的竞争对手”就是行业内排行第二的企业。

步骤五　标明各项业务在BCG矩阵图上的位置，如图4—3—1所示。具体方法是以业务在二维坐标上的坐标点为圆心，画一个圆圈，用圆圈的大小来表示企业每项业务的销售额。

到了这一步，公司就可以诊断自己的业务组合是否健康了。一个失衡的业务组合就是有太多的瘦狗类或问题类业务，或太少的明星类和现金牛类业务。

从图中看出：有三项问题类业务，不可能全部投资发展，只能选择其中的一项或两项，集中投资发展；只有一个现金牛类业务，说明财务状况是很脆弱的；对两项明星类业务继续投资发展，使它成为公司未来的现金牛业务；两项瘦狗类业务应收缩或放弃。

4. 定位产品价格

调查一下，目前的产品市场价格是多少？最低可以讨价还价到多少？如何合理进行价格定位等。

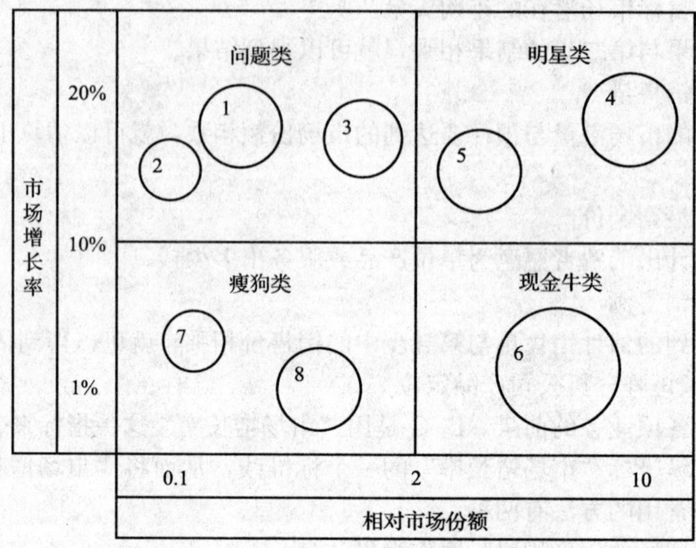

图 4—3—1 BCG 矩阵

思考与练习

1. 为什么中小企业不愿意花钱去开发新产品？

2. 案例分析题

某公司经营 A、B、C、D、E、F、G 7 个品牌的产品，公司可用资金 500 万元。经对前半年的市场销售统计分析，发现：

(1) A、B 品牌业务量为总业务量的 70%，在江苏市场占有率分别为 68%、74%。最大竞争对手的市场份额分别为 23%、17%。两个品牌的利润占到总利润的 75%，在本地市场占主导地位。但这两个品牌是经营了几年的老品牌，B 品牌从去年开始市场销售增长率已成下降趋势，A 品牌只能维持原来的业务量。

(2) C、D、E 三个品牌是新开辟的新品牌。其中 C、D 两个品牌前半年表现抢眼，C 品牌销售增长了 20%，D 品牌增长了 18%，且在本区域内尚是独家经营。E 品牌是高档产品，利润率高，销售增长也超过了 10%，但在本地竞争激烈，该品牌其他两家主要竞争对手所占市场比率达到 70%，而公司只占 10%左右。

(3) F、G 两个品牌市场销售下降严重，有被 C、D 品牌替代的趋势，且在竞争中处于下风，并出现了滞销和亏损现象。

针对上述情况，利用波士顿矩阵分析该公司应采取哪些措施，合理进行产品定位？

3. 调查一下，一般家装用的乳胶漆主要产品有哪些？目前的市场价格是多少？对于一家涂料公司，其家装乳胶漆产品如何进行市场定位、产品定位和价格定位？

课题 4　撰写销售市场调研报告并演讲

学习目标

1. 了解销售市场调研报告的写作方法。
2. 能够完成一篇关于某个制造企业在某个销售市场的分析报告并做演讲说明。

课题引入

销售市场调研报告是市场调查人员以书面形式，反映市场调查内容及工作过程，并提供调查结论和建议的报告。

本课题要求学生利用前面几个课题的实训成果，完成销售市场分析报告的撰写并演讲。

相关知识

一、营销渠道的定义

营销渠道是指某种货物或劳务从生产者向消费者移动时，取得这种货物或劳务所有权或帮助转移其所有权的所有企业或个人。简单地说，营销渠道就是商品和服务从生产者向消费者转移过程的具体通道或路径。

二、销售市场调研报告的定义及作用

销售市场调研报告是企业为制定营销策略，在对营销活动深入实际进行调查研究后所撰写的书面报告。它是市场营销调研成果的一种表现形式，主要是通过文字、数据分析、图表等形式将调查结果表现出来。

销售市场调研报告的作用：

（1）有利于制定科学的营销规划。

（2）有利于优化营销组合。

（3）有利于开拓新的市场。

三、调研报告的撰写原则与要求

1. 客观的态度

撰写市场调研报告要用客观的态度反映调研过程，避免主观意识和个人偏见。要坚持从客观事实出发，切忌先入为主，为事先已有的主观定论找依据。市场调研报告的内容力求客观、真实地反映实际情况，为企业管理者决策提供可靠的调研材料。

2. 鲜明的观点

撰写市场调研报告要态度鲜明，对材料的判断、结论、意见和建议，必须目的明确，有的放矢。任何市场调查都是为了解决某一问题，或者为了说明某一问题，市场调查报告应该围绕上述目的来进行论述。

3. 简练的语言

市场调研报告在语言表达上要力求文字简练、数字精确、图表一目了然、不说废话，要开门见山。

调查报告是给人看的，无论是厂长、经理，还是其他一般的读者，他们大多不喜欢冗长、乏味、呆板的语言，也不精通调查的专业术语。因此，撰写调查报告语言要力求简单、准确、通俗易懂。

4. 严谨的结构

市场调研报告要突出中心，把材料和观点紧密地结合起来。提出观点要有材料分析说明，列举材料要有观点、结构严谨，并遵循一定的规则。

四、调研报告的写作步骤及格式

1. 书面调查报告的写作步骤：

(1) 构思：收集资料—认识事物—判断推理—确立主题。

(2) 选材：数据（介绍情况—反映问题—提出建议）。

(3) 初稿：写作格式、文字数量、图表和数据。

(4) 定稿：征得各方意见进行修改、定稿。

2. 调研报告的写作格式

一份完整的调研报告要包括如下五部分：标题页、目录、摘要、正文和附录。

(1) 标题页。标题页包括报告的题目、报告的提供对象、报告的撰写者和发布（提供）日期。

(2) 目录。

(3) 摘要。

(4) 正文。正文包括引言、调研方法、结论和建议。

(5) 附录。附录通常包括调查提纲、调查问卷和观察记录表，被访问人名单，较为复杂的抽样调查技术的说明，一些次关键数据的计算，较为复杂的统计表和参考文献等。

五、某公司销售市场分析报告写作参考目录

从严格意义上说，市场调查报告没有固定不变的格式。不同的市场调查报告写作，主要依据调查的目的、内容、结果以及主要用途来决定。参考目录范例如下：

一、××行业市场现状分析

1. 市场规模

2. 市场概述

3. 市场前景与发展趋势分析

二、××地区××市场竞争分析

1. 市场竞争现状分析

2. 企业市场占有率分析

3. 市场供需分析

三、××公司××地区主要竞争对手分析

1. 主要制造商分析

2. ××公司产品市场定位

四、客户与销售渠道分析

1. 公司主要客户构成及忠诚度

2. 公司销售渠道调查

3. 市场推广及销售

五、××公司市场发展策略

1. ××公司的发展战略

2. ××公司××市场发展策略

3. 结论和建议

实训演练

实训项目 1　完成一篇销售市场调研报告

一、实训内容

根据本模块前面几个课题的实训成果，撰写所选企业的销售市场报告。

二、实训操作步骤

1. 确定标题

销售市场调查报告的标题即市场调查的题目。标题必须准确揭示调查报告的主题思想，要简单明了、高度概括、题文相符。如《××涂料北京市场分析报告》《××市居民住宅消费需求调查报告》《××产品滞销的调查报告》等，这些标题都很简明，能吸引人。

2. 撰写导言

导言是市场调查报告的开头部分，一般说明市场调查的目的和意义，介绍市场调查工作基本概况，包括市场调查的时间、地点、内容和对象以及采用的调查方法、方式。这是比较常见的写法。也有调查报告在导言中，先写调查的结论是什么，或直接提出问题等，这种写法能增强读者阅读报告的兴趣。

3. 撰写报告主体部分

这是市场调查报告中的主要内容，是表现调查报告主题的重要部分。这一部分的写作直接决定调查报告的质量高低和作用大小。主体部分要客观、全面阐述市场调查所获得的材料、数据，用它们来说明有关问题，得出有关结论；对有些问题、现象要做深入分析、评论等。总之，主体部分要善于运用材料，来表现调查的主题。具体包括：

（1）行业发展现状分析。用 PEST 分析方法对公司市场外部环境、市场基本竞争格局、市场供需关系进行分析。

(2) 竞争对手分析。包括直接竞争者、间接竞争者、潜在竞争者等。利用波特五力模型分析，明确公司所处的市场地位，给出公司发展的一般战略。

(3) 与竞争对手的 SWOT 分析，得出市场竞争策略。

(4) 与主要竞争对手的市场规模、产品、价格比较分析，确定产品的市场定位。

(5) 客户与销售渠道分析。包括公司主要客户构成及忠诚度调查，公司销售渠道调查，分析市场推广及销售策略。

4. 结尾

主要是形成市场调查的基本结论，也就是对市场调查的结果作一个小结。有的调查报告还要提出对策措施，供有关决策者参考。

有的市场调查报告还有附录。附录的内容一般是有关调查的统计图表、有关材料出处、参考文献等。

实训项目 2　完成一次关于销售市场调研报告的演讲

一、实训内容

根据上一实训所撰写的销售市场分析报告制作 PPT 幻灯片，并演讲。

也可以选择自己熟悉或感兴趣的企业，完成关于某个制造企业某个销售市场的分析报告并做演讲说明。

二、实训操作步骤

参考前面模块内容和要求，制作 PPT，并完成一次关于销售市场调研报告的演讲。

? 思考与练习

1. 完成销售市场调研报告需要做好哪些准备工作?
2. 结合自己的实践体会总结这次的演讲报告有哪些进步及不足?

模块五

公司财务分析

课题1　获取公司财务报表

学习目标

1. 了解公司财务报表构成与获取渠道。
2. 能够获取某上市公司年报，并整理出资产负债表、利润表、现金流量表。

课题引入

科斯在《企业的本质》(The Nature of the Firm) 中认为：当市场交易成本高于企业内部的管理协调成本时，企业便产生了，企业的存在正是为了节约市场交易费用，即用费用较低的企业内交易代替费用较高的市场交易。

我国《公司法》中指出：企业是指把人的要素和物的要素结合起来的、自主地从事经济活动的、具有营利性的经济组织。公司是指全部资本由股东出资构成，以营利为目的而依法设立的一种企业组织形式。

可以看出，公司的存在是要追逐利益的。利润＝收入－支出，公司的经营活动最终都要在这个公式上体现。

本课题中，主要关注的是：

1. 什么是财务报表，什么是资产负债表、利润表、现金流量表，各有什么作用?
2. 哪里可以获取财务报表?
3. 下载某上市公司年报并整理出主要财务报表。

本课程并不涉及财务报表的制作。

相关知识

一、财务报表的定义及构成

财务报表是指在日常会计核算资料的基础上，按照规定的格式、内容和方法定期编制的，综合反映企业某一特定日期财务状况和某一特定时期经营成果、现金流量状况的书面文件。

一套完整的财务报表包括资产负债表、利润表、现金流量表、所有者权益变动表（或股东权益变动表）和财务报表附注。

1. 资产负债表（balance sheet）

资产负债表反映企业资产、负债及资本的期末状况。从中可看出企业的长期偿债能力，短期偿债能力和利润分配能力等。

2. 利润表（income statement/profit and loss account）

利润表（或称损益表）反映本期企业收入、费用和应该记入当期利润的利得和损失的金额，及其结构情况。

3. 现金流量表（cash flow statement）

现金流量表反映企业现金流量的来龙去脉，又分为经营活动、投资活动及筹资活动三部分。

4. 所有者权益变动表（statement of change in equity）

所有者权益变动表反映本期企业所有者权益（股东权益）总量的增减变动情况，以及结构变动情况，特别是要反映直接记入所有者权益的利得和损失。

5. 财务报表附注（notes to financial statements）

财务报表附注一般包括企业的基本情况、财务报表编制基础、遵循企业会计准则的声明、重要会计政策和会计估计、会计政策和会计估计变更及差错更正的说明、重要报表项目的说明、其他需要说明的重要事项（如有何承诺事项、资产负债表日后非调整事项，关联方关系及其交易等）。

在财务报表中，如果附有会计师事务所的审计报告，可信度将会更高。所以在周年股东大会上，财务报表一般要附有审计报告。

上市公司的公司年报，按上市规则，除了财务报表，还要提供公司主席业务报告、企业管治报告、利润分配预案等多份非会计文件。

二、财务报表的获取渠道

非上市公司的财务报表不向公众发布，公众与普通员工一般看不到。股东会及公司管理层可以查看财务报表，主管机构如监事会、税务局、工商局等，年检时可要求公司提交会计报表查看。另外如果有贷款，则银行也要查看。还有审计等有关中介机构可以查看公司财务报表。

如果是上市公司，则要发布半年报和年报，向公众披露。半年报和年报可以在上市公司所在证券交易所等处查看。

三、主要财务报表的作用

1. 资产负债表的作用

资产负债表是反映企业在某一特定日期财务状况的报表。例如，公历每年 12 月 31 日的财务状况，由于它反映的是某一时点的情况，所以又称为静态报表。

资产负债表可以提供某一日期资产的总额及其结构，表明企业拥有或控制的资源及其分布情况，即有多少资源是流动资产、有多少资源是长期投资、有多少资源是固定资产，等等。

资产负债表可以提供某一日期的负债总额及其结构，表明企业未来需要用多少资产或劳务清偿债务以及清偿时间，即流动负债有多少，长期负债有多少，长期负债中有多少需要用当期流动资金进行偿还，等等。

资产负债表可以反映所有者所拥有的权益，据以判断资本保值、增值的情况以及对负债的保障程度。

资产负债表还可以提供进行财务分析的基本资料，如将流动资产与流动负债进行比较，计算出流动比率；将速动资产与流动负债进行比较，计算出速动比率等；可以表明企业的变现能力、偿债能力和资金周转能力，从而有助于会计报表使用者作出经营决策。

2. 损益表的作用

损益表反映的会计信息，可以用来评价一个企业的经营效率和经营成果，评估投资的价值和报酬，进而衡量一个企业在经营管理上的成功程度。具体来说有以下几个方面的作用。

(1) 损益表可作为经营成果的分配依据

损益表反映企业在一定时期的营业收入、营业成本、营业费用以及营业税金、各项期间费用和营业外收支等项目，最终计算出利润综合指标。损益表上的数据直接影响许多相关集团的利益，如国家的税收收入、管理人员的奖金、职工的工资与其他报酬、股东的股利等。正是由于这方面的作用，损益表的地位曾经超过资产负债表，成为最重要的财务报表。

(2) 损益表能综合反映生产经营活动的各个方面，可以有助于考核企业经营管理人员的工作业绩

企业在生产、经营、投资、筹资等各项活动中的管理效率和效益都可以从利润数额的增减变化中综合反映出来。通过将收入、成本费用、利润与企业的生产经营计划对比，可以考核生产经营计划的完成情况，进而评价企业管理部门的经营业绩和效率。

(3) 损益表可用来分析企业的获利能力，预测企业未来的现金流量

损益表揭示了经营利润、投资净收益和营业外收支净额的详细资料，可据以分析企业的赢利水平，评估企业的获利能力。同时，报表使用者所关注的各种预期的现金来源、金额、时间和不确定性，如股利或利息、出售证券的所得及借款的清偿，都与企业的获利能力密切相关，所以，收益水平在预测未来现金流量方面具有重要作用。

3. 现金流量表的作用

反映企业的现金流量，评价企业未来产生现金净流量的能力；评价企业偿还债务、支付投资利润的能力，谨慎判断企业财务状况；分析净收益与现金流量间的差异，并解释产生差异的原因；通过对现金投资与融资、非现金投资与融资的分析，全面了解企业财务状况。

实训演练

实训项目 1　查看上海证券交易所上市公司的公司年报

一、实训内容

查看在上海证券交易所上市的宝钢股份（600019）年报。

二、实训操作步骤

步骤一　登录上海证券交易所网站 www. sse. com. cn 的“上市公司公告”页面，如图 5—1—1 所示。

图 5—1—1　上海证券交易所网站

步骤二　选择“定期报告”，如图 5—1—2 所示。

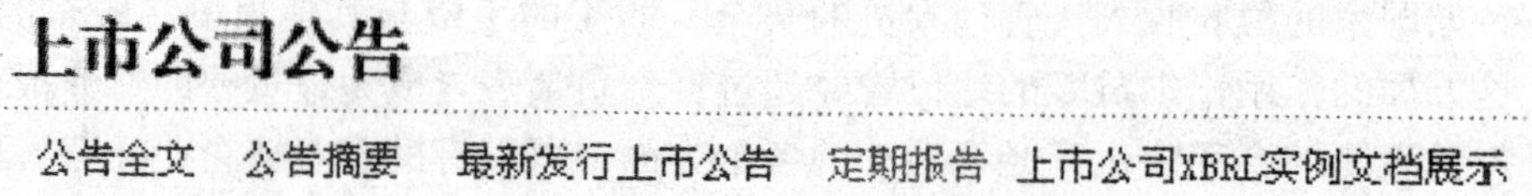

上市公司公告

公告全文　公告摘要　最新发行上市公告　定期报告　上市公司XBRL实例文档展示

图 5—1—2　定期报告

步骤三　在快速查询栏中输入“宝钢股份”或代码“600019”，查询，如图 5—1—3 所示。

图 5—1—3　快速查询

注意：

不清楚股份具体名称或代码时，可以先通过谷歌或百度查询。

步骤四　在公告列表中，选择所需年报，右键选择“目标另存为”，将年报保存到计算机中，如图 5—1—4 所示。

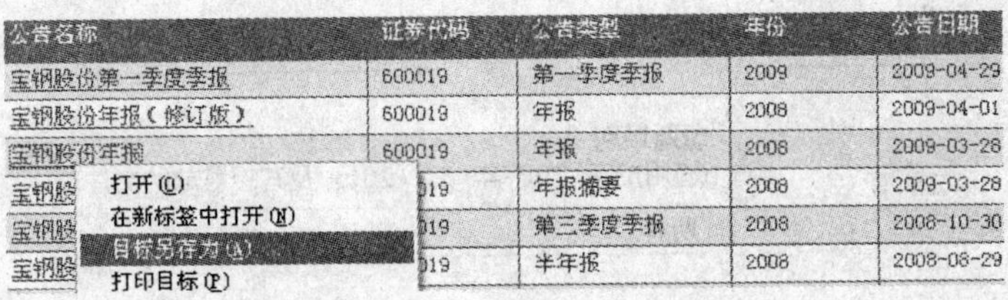

公告名称	证券代码	公告类型	年份	公告日期
宝钢股份第一季度季报	600019	第一季度季报	2009	2009-04-29
宝钢股份年报（修订版）	600019	年报	2008	2009-04-01
宝钢股份年报	600019	年报	2008	2009-03-28
宝钢股	019	年报摘要	2008	2009-03-28
宝钢股	019	第三季度季报	2008	2008-10-30
宝钢股	019	半年报	2008	2008-08-29

打开(O)
在新标签中打开(W)
目标另存为(A)
打印目标(P)

图 5—1—4　下载宝钢年报

步骤五　打开下载的年报，整理出公司资产负债表、利润表、现金流量表。

实训项目 2　查看香港交易所上市公司的公司年报

一、实训内容

查看在香港交易所上市的阿里巴巴（01688）公司年报。

二、实训操作步骤

步骤一　登录香港交易所网站 www. hkex. com. hk/index _ c. htm。单击进入“最新上市公司公告”页面，如图 5—1—5 所示。

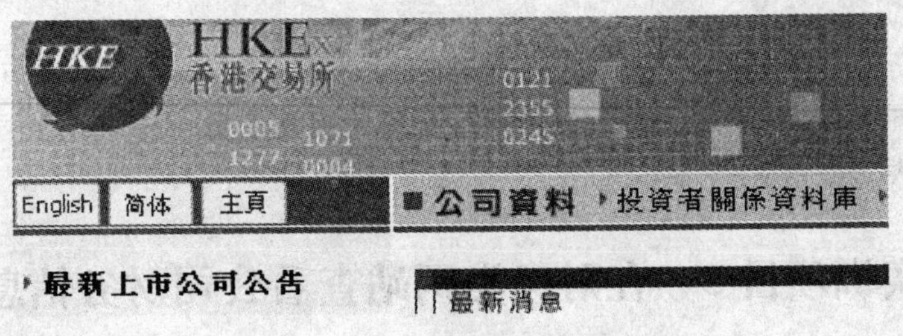

图 5—1—5　香港交易所网站

步骤二　选择“进阶搜寻”，如图 5—1—6 所示。

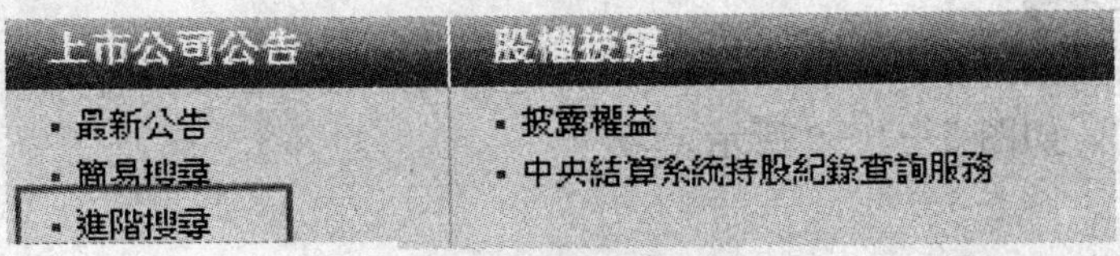

上市公司公告
· 最新公告
· 簡易搜尋
· 進階搜尋

股權披露
· 披露權益
· 中央結算系統持股紀錄查詢服務

图 5—1—6　进阶搜寻

步骤三　在搜寻表单中输入阿里巴巴公司的股份代码“01688”，选择“标题类别”，选定“开始日期”和“完结日期”后进行搜寻，如图 5—1—7 所示。

注意：

股份具体名称或代码可以先通过谷歌或百度查询。开始日期一般要提前 2 至 3 年。

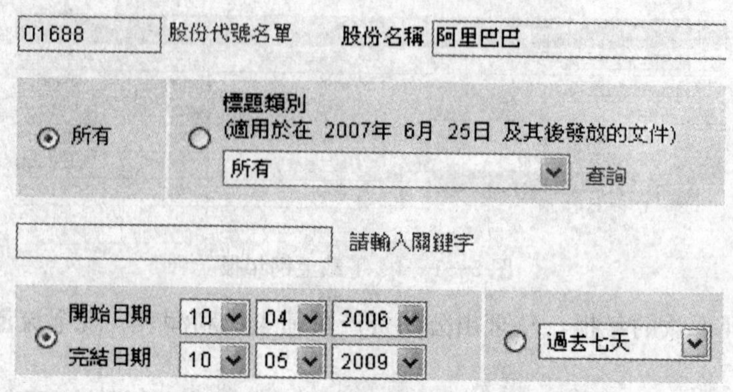

图 5—1—7 进阶搜寻表单

步骤四 在公告列表中，找到所需年报，右键选择“目标另存为”，将年报保存到计算机中，如图 5—1—8 所示。

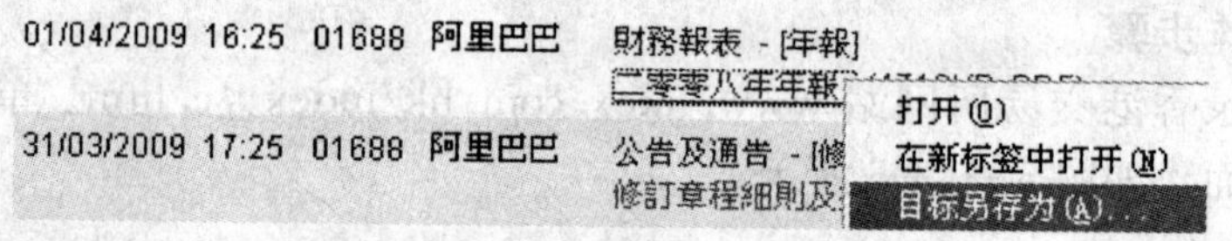

图 5—1—8 下载阿里巴巴年报

步骤五 打开下载的年报，查看公司财务报表及相关信息。整理出公司资产负债表、利润表、现金流量表。

实训项目 3 在财经类网站查看公司财务信息

一、实训内容

查看在美国纳斯达克交易所上市的百度公司的资料。

二、实训操作步骤

步骤一 登录新浪网 www. sina. com. cn，进入财经版，在股票查询中依次输入“美股”“百度”，点击查询，如图 5—1—9 所示。

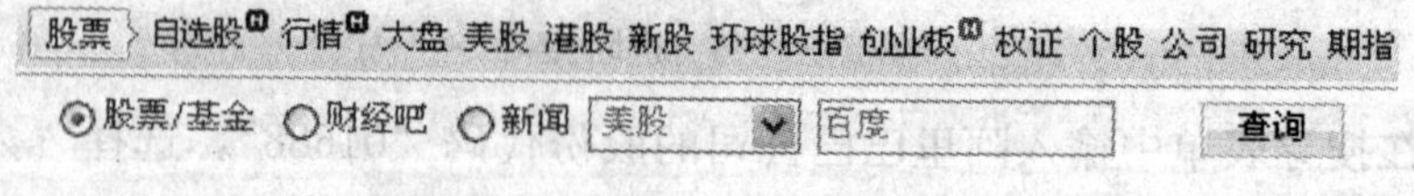

图 5—1—9 新浪财经网页

步骤二 在“百度”对应的页面中查看“基本信息”“财务数据”“主要财务指标”，并点击“更多”进一步查看。

步骤三　登录“谷歌财经”网站 www.google.cn/finance，在查询框中，输入百度公司拼音“baidu”或公司股票代码进行查询。

步骤四　分类查看详细资料，在“财务数据”中，点击查看财务报表。

步骤五　查看公司财务报表及相关信息，整理出公司资产负债表、利润表、现金流量表。

注意：

在各类财经类网站上获取的公司财务信息可以作为参考资料，相关数据还应以交易所发布的数据以及经过审计的公司财务报表为准。

思考与练习

1. 公司主要的财务报表有哪些？在哪里可以查询到？
2. 下载在上海证券交易所上市的南京钢铁股份有限公司的最新年报。
3. 下载在香港交易所上市的腾讯公司的最新年报。
4. 说明资产负债表、利润表、现金流量表的定义、内容和作用。

课题 2　看懂公司财务报表

学习目标

1. 了解公司利润表、资产负债表、现金流量表的构成。
2. 能够按照“相关知识”提到的内容从利润表开始，再到资产负债表，最后到现金流量表，逐项查看公司经营状况。

课题引入

一段经营期间结束后，公司的管理人员和投资者一般想要了解该公司的运营状况。公司财务报表是公司经营活动的收支记录。要了解公司的运营状况，可以从查看公司财务报表开始。为了解财务报表包含的内容并学习看报表，以虚构的 OS 公司为例，来查看 OS 公司 2008 年度的财务报表（会计年度止于 2008 年 12 月 31 日）。

相关知识

一、查看公司主要财务报表

查看公司财务报表首先从利润表开始，其次到资产负债表，最后到现金流量表。

1. 查看利润表

利润表报告企业一段时期内的收入、费用和净收益或净损失，见表5—2—1。

表5—2—1　　OS公司利润表

利润表（调整后）（单位：千美元）			
		2008年12月31日	2007年12月31日
1	净销售收入	9 054 462	6 507 825
2	费用		
3	销售成本	5 318 218	4 021 541
4	广告费用	419 000	175 000
5	折旧费用	326 036	269 706
6	其他经营费用	1 658 329	1 190 311
7	利息费用	13 617	−2 975
8	税前收益	1 319 262	854 242
9	所得税	494 723	320 341
10	净利润	824 539	53 3901

注：大多数企业选择将会计年度止于12月31日。

OS公司的利润表报告了两个财政年度的经营成果，即2007年和2008年。2008年，OS公司的销售净额从65亿美元涨至超过90亿美元（见表5—2—1第1行）。净利润从5.34亿美元涨至8.25亿美元（见表5—2—1第10行）。净收益呈持续上升趋势。

利用下式，带入收入和费用来计算净收益：

净收益＝收入和利得总额－费用和损失总额

收入：2008年，OS公司的销售净额为9 054 462 000美元（第1行）。

费用：销售成本5 318 218 000美元（第3行），表示OS公司在其销售给顾客的商品上的耗费。

其他主要的费用项目有广告支出、折旧和其他营业费用：

（1）广告支出（第4行）是企业在报纸、电视和其他广告媒体上进行产品促销的花费。

（2）折旧（第5行）是使用企业所拥有的建筑、设备和家具的费用。

（3）其他营业费用（第6行）范围较宽，包括付给员工的工资、公共事业支出（电、天然气和电话），购物中心的租赁财产租金和顾客收据之类的商店日常支出。营业费用是那些与OS的核心业务直接相关的费用支出。

（4）利息费用是借贷资金的成本。2007年，OS公司的利息费用是1 360万美元。注意在 2007 年，公司没有利息费用；相反公司获得了 297.5 万美元的利息收入。

所得税前收益总共是 13 亿美元（第 8 行），所得税费用（通常简写为“所得税”）从公司利润（第 9 行）中减去了 4.95 亿美元。2008 财政年度，OS 公司补偿所有费用支出后的净利润为 8.25 亿美元。

2. 查看资产负债表

资产负债表，有时也称为财务状况表，报告三大类的项目：资产、负债和所有者权益（股东权益）。

资产负债表重点看资产质量，如果存货和应收账款过高，说明资产质量低；固定资产看有没有升值空间；无形资产要看有无实际市场价值。

OS 公司的资产负债表见表 5—2—2。

表 5—2—2　　OS 公司资产负债表

资产负债表（已调整）（单位：千美元）

		2008 年 12 月 31 日	2007 年 12 月 31 日
资　产			
	流动资产		
1	现金	565 253	913 169
2	库存商品	1 056 444	733 174
3	预付费用	250 127	184 604
4	流动资产总额	1 871 824	1 830 947
	地产和设备		
5	租赁资产改良工程	1 040 959	846 791
6	家具和设备	1 601 572	1 236 450
7	土地和建筑物	405 796	220 718
8	地产和设备总额	3 048 327	2 303 959
9	累计折旧	−1 171 957	−938 713
10	地产和设备净额	1 876 370	1 365 246
11	无形资产和其他资产	215 725	141 309
12	资产总额	3 963 919	3 337 502
负　债			
	流动负债		
13	短期应付票据	90 690	84 794
14	应付账款	684 130	416 976

续表

	资产负债表（已调整）（单位：千美元）	2008年12月31日	2007年12月31日
15	应计费用	655 770	406 181
16	应付所得税	122 513	83 597
17	流动负债总额	1 553 103	991 548
	长期负债		
18	长期借款	496 455	496 044
19	其他长期负债	340 682	265 924
20	长期负债总额	837 137	761 968
	股东权益		
21	普通股	398 912	254 884
22	留存收益	3 121 360	2 392 750
23	库藏股	－1 902 400	－1 010 251
24	其他权益	－44 193	－53 397
25	股东权益总额	1 573 679	1 583 986
26	负债和股东权益总额	3 963 919	3 337 502

资产分为两大类：流动资产和长期资产。流动资产是指企业计划在一年内或在超过一年的正常营业周期内转化为现金、出售或使用掉的资产。

公司的流动资产包括现金、库存商品和预付费用（见表5—2—2中第1～3行）。公司没有应收款项，也就是应从他人处收回的款项（大多数企业在现金项下紧接着列示应收账款）。2008年12月31日，公司的流动资产总额约为19亿美元（第4行）。

现金是速动资产，公司有超过5.65亿美元的现金（第1行）。

库存商品是公司最大的流动资产，总值超过10亿美元（第2行）。

长期资产的主要项目是地产和设备（第5～8行）。无形资产没有物质形态，如商标和专利权。

负债也分为流动负债和长期负债两类。流动负债（第13～17行）是将在一年或在超过一年的企业正常营业周期内到期的债务。公司的主要流动负债项目是短期应付票据、应付账款、应付费用和应付所得税。长期负债一年后到期。

短期应付票据（第13行）是公司承诺在一年或不到一年的期限内进行偿付的本票。应付账款（第14行）是公司购买商品和服务所欠的货款。2008年12月31日，公司共有约16亿美元（第17行）的短期债务要在几个月内偿还。显然，流动资产总额达19亿美元。一年内，有19亿美元的流动资产去偿付16亿美元的流动负债，是比较安全的，因为流动资产的数额更大。

公司只有很少的一点长期负债（第 18 行），这是非常令人羡慕的。公司的长期负债总额为 8.37 亿美元。负债总共约 24 亿美元（流动负债 16 亿美元＋长期负债 8 亿美元），这与 40 亿美元的总资产相比是相当少的。

资产－负债＝所有者权益

最大的所有者权益项目是留存收益，约 31 亿美元（第 22 行）。大额的留存收益也说明了公司的大多数业务融资是大量的经营利润，而不是长期负债。

3. 查看现金流量表

现金流量表报告公司经营活动、投资活动、筹资活动这三类活动产生的现金收入和现金支出。OS 公司的现金流量表见表 5—2—3。

表 5—2—3　　OS 公司现金流量表

合并现金流量表（已调整）（单位：千美元）			
		2008 年 12 月 31 日	2007 年 12 月 31 日
	经营活动产生的现金流量		
1	从顾客处收取的现金	9 054 462	6 507 825
2	利息收入收到的现金	—	2 975
3	付给供应商和雇员的现金	−7 190 877	−5 337 599
4	支付的利息费用	−13 617	—
5	支付的所得税费用	−455 807	−328 550
6	经营活动产生的现金净额	1 394 161	844 651
	投资活动产生的现金流量		
7	出售短期投资	—	174 709
8	购入长期投资	—	−2 939
9	购入地产和设备	−797 592	−465 843
10	购置其他资产	−28 815	−19 779
11	投资活动使用的现金净额	−826 407	−313 852
	筹资活动产生的现金流量		
12	出具应付票据收到的现金	1 357	44 462
13	借入长期债务收到的现金	—	495 890
14	发行普通股	49 421	30 653
15	购入库藏股	−892 149	−593 142
16	支付现金股利	−76 888	−79 503
17	筹资活动使用的现金净额	−918 259	−101 640
18	其他	2 589	−1 634

续表

合并现金流量表（已调整）（单位：千美元）			
		2008年12月31日	2007年12月31日
19	现金的净增（减）额	－347 916	427 525
20	年初的现金	913 169	485 644
21	年末的现金	565 253	913 169

公司的现金流量表根据其经营、投资和筹资活动列示。每一类既包括现金收入也包括现金支出。现金收入是正值，现金支出是负值。

令人庆幸的是，公司的经营活动是其最大的现金来源（在2008财政年度约为14亿美元，见第6行）。投资活动中的现金支出多于现金收入，现金净流出8.26亿美元（第11行）。筹资活动中现金净流出9.18亿美元（第17行）。总体来看，2008年公司的现金减少了3.48亿美元（第19行），年底余额为5.65亿美元（第21行）。你可以在资产负债表中找到5.65亿美元的现金余额。现金余额联系着现金流量表和资产负债表。

现在来仔细看看现金流量表的三个主要部分。

(1) 经营活动产生的现金流量

公司经营现金流量的最大部分是从顾客处收取的现金（第1行）。这是个非常好的信号，因为企业的最大现金来源最好是其核心业务。最大的现金支出付给了供应商和雇员（第3行）。2008年，公司经营活动产生现金净流入13.94亿美元，这是一个相当好的数字。

(2) 投资活动产生的现金流量

公司花费约7.98亿美元购买地产和设备（第9行）。公司在当年没有出售地产和设备。如果出售的话，“出售地产和设备”项就会报告一个正值，表示销售资产收到的现金（2007年，公司出售了一些短期投资，见第7行）。2008年，投资活动导致现金净流出8.26亿美元（第11行）。投资活动产生现金净流出是正常的，因为这说明公司在购入新资产。

(3) 筹资活动产生的现金流量

2008年的借款额（第12行）不大，最大的筹资现金流是购入库藏股（第15行）支出的8.92亿美元。这说明公司购入了一些以前出售给股东的本公司股票。现金流量表报告了公司2008年支付的股利约7 700万美元（第16行）。公司2008年筹资活动的结果是现金净流出9.18亿美元（第17行）。

现金流量表的最终结果是当年的现金净增加（或减少）。公司2008年现金减少3.48亿美元（第19行）。现金流量表的第20行和第21行是年初和年末的现金余额。公司2008年年初现金为9.13亿美元，年末为5.65亿美元。这些数字都可以在资产负债表（第1行）中找到。这是编制现金流量表所必需的。

现金流量表的编制从当年的现金净增加（或减少）开始。简单地取资产负债表中年初和年末的现金差额，说明是在一开始就知道现金流量表结果的情况下编制的。现金流量表的目的就是说明当年现金变动的原因。

二、查看财务报表变动的主要方面

财务报表主要是反映企业一定时期的经营成果和财务状况变动，对财务报表可以从六个方面来看，以发现问题或作出判断。

一看利润表，看主要利润来源是否合理。如阿里巴巴年报披露，2007 年净利润为 9.68 亿元，但在阿里巴巴的 9.68 亿元净利润中，有 4.063 亿元来自利息收入，主营业务带来的净利润只有 5.61 亿元。阿里巴巴在 2008 年 3 月 18 日发布年报当天，阿里巴巴股价从 3 月 17 日收盘价 15.44 港元最低跌至 12 港元，最高跌幅达 28.6%。

还要对比看今年收入与去年收入的增长是否在合理的范围内。像银广夏事件，利润表上今年的收入比去年增加几百个百分点，这就是不可信的，问题非常明显。

二看企业的坏账准备。有些企业的产品销售出去，但款项收不回来，而它在账面上却不计提或提取不足，这样的收入和利润就是不实的。

三看长期投资是否正常。有些企业在主营业务之外会有一些其他投资，看这种投资是否与其主营业务相关联，如果不相关联，那么这种投资的风险就很大。

四看其他应收款是否清晰。有些企业的资产负债表上，其他应收款很乱，许多陈年老账都放在里面，有很多是收不回来的。

五看是否有关联交易，尤其注意年中大股东向上市公司借钱，到年底再利用银行借款还钱，从而在年底报表上无法体现大股东借款的做法。

六看现金流量表是否能正常地反映资金流向，注意现金注入和流出的原因和事项。

实训演练

实训项目　查看某上市公司财务报表

一、实训内容

获取上市公司如能源类公司或门户网站公司的年报，整理出公司的利润表、资产负债表、现金流量表。首先从利润表开始，其次到资产负债表，最后到现金流量表，按照上面“相关知识”提到的内容逐项查看公司经营状况。

二、实训操作步骤

步骤一　根据课题 1 中下载的南京钢铁股份有限公司、腾讯公司年报，整理出公司的利润表、资产负债表、现金流量表。

步骤二　首先从利润表开始，其次到资产负债表，最后到现金流量表，按照上面“相关知识”提到的内容逐项查看公司经营状况。

步骤三　查看公司财务报表与往年相比有哪些主要变动并分析原因。

思考与练习

1. 在2008年OS公司的现金减少了3.48亿美元，是否应对其有所警示呢？
2. 利润表、资产负债表、现金流量表这三张报表之间有什么联系？

课题3　分析财务指标

学习目标

能够根据利润表、资产负债表、现金流量表对公司财务进行基本指标分析。

课题引入

看懂财务报表，可以了解公司经营的基本数据，但要更深入地评价过去的经营业绩、衡量现在的财务状况、预测未来的发展趋势，还需要进行公司财务分析。

财务分析的一般目的可以概括为：评价过去的经营业绩、衡量现在的财务状况、预测未来的发展趋势。根据分析的具体目的，财务分析可以分为流动性分析、赢利性分析、财务风险分析、专题分析（如破产分析、审计人员的分析性检查程序）等。

财务分析的最终目标是：为财务报表使用者决策提供可靠的依据。

本课题中，根据利润表、资产负债表、现金流量表对公司财务进行基本指标分析。

相关知识

财务报表分析的内容主要包括四个方面：偿债能力、营运能力、获利能力、发展能力。

一、偿债能力

1. 长期偿债能力

（1）资产负债率

资产负债率＝负债总额／资产总额

表明债权人所提供的资金占企业全部资产的比重，揭示企业出资者对债权人债务的保障程度，因此该指标是分析企业长期偿债能力的重要指标。

(2) 负债经营率

负债经营率=长期负债/所有者权益

反映企业经营资本中长期负债所占的比重。负债经营率越低，企业投资者投入资金越大，则企业财务状况的稳定性就越好，企业长期偿债能力就越强；反之，长期负债比重越高，企业还本付息的压力就越大，在企业资金报酬率低于长期负债利率的情况下，企业偿还长期负债利息和本金的能力就越小。在企业资金报酬率高于长期负债利率的情况下，企业长期偿债能力反而会增强。因此，要根据企业经营的具体情况，借助于负债经营率指标来确定企业的长期偿债能力大小。

2. 短期偿债能力

(1) 流动比率

流动比率=流动资产/流动负债

(2) 速动比率

速动比率=(流动资产-存货-预付费用-待摊费用)/流动负债

一般认为流动比率应在2∶1以上，速动比率应在1∶1以上。流动比率2∶1，表示流动资产是流动负债的两倍，即使流动资产有一半在短期内不能变现，也能保证全部的流动负债得到偿还；速动比率1∶1，表示现金等具有即时变现能力的速动资产与流动负债相等，可以随时偿付全部流动负债。

当然，不同行业经营情况不同，其流动比率和速动比率的正常标准也会有所不同。应当说明的是，这两个比率并非越高越好。流动比率过高，即流动资产相对于流动负债太多，可能是存货积压，也可能是持有现金太多，或者两者兼而有之；速动比率过高，即速动资产相对于流动负债太多，说明现金持有太多。企业的存货积压，说明企业经营不善，存货可能存在问题；现金持有太多，说明企业不善理财，资金利用效率过低。

所持有的目的不同，对偿债能力的评价也会有所不同，如作为一个长期投资者，所关心的就是企业的发展能力；如债权人就会非常关心该企业的债务偿还能力。

二、营运能力

1. 人力资源运营能力指标

人力资源运营能力通常采用劳动效率指标来分析。计算公式为：

劳动效率=营业收入或净产值/平均职工人数

对企业劳动效率进行考核评价主要是采用比较的方法。例如，将实际劳动效率与本企业计划水平、历史先进水平或同行业平均先进水平等指标进行对比。

2. 生产资料运营能力指标

(1) 应收账款周转率

应收账款周转率(周转次数)=营业收入/平均应收账款余额

其中：

平均应收账款余额=(应收账款余额年初数+应收账款余额年末数)/2

应收账款周转期(周转天数)=平均应收账款余额×360/营业收入

一般情况下，应收账款周转率越高越好。应收账款周转率高，表明收账迅速，账龄较短，资产流动性强，短期偿债能力强，可以减少坏账损失等。

(2) 存货周转率

存货周转率（周转次数）＝营业成本/平均存货余额

其中：

平均存货余额＝（存货余额年初数＋存货余额年末数）/2

存货周转期（周转天数）＝平均存货余额×360/营业成本

一般情况下，存货周转率越高越好。存货周转率高，表明存货变现的速度快；周转额较大，表明资金占用水平较低。

(3) 流动资产周转率

流动资产周转率（周转次数）＝营业收入/平均流动资产总额

其中：

平均流动资产总额＝（流动资产总额年初数＋流动资产总额年末数）/2

流动资产周转期（周转天数）＝平均流动资产总额×360/营业收入

一般情况下，流动资产周转率越高越好。流动资产周转率高，表明以相同的流动资产完成的周转额较多，流动资产利用效果较好。

(4) 总资产周转率

总资产周转率（周转次数）＝营业收入/平均资产总额

其中：

平均资产总额＝（资产总额年初数＋资产总额年末数）/2

总资产周转期（周转天数）＝平均资产总额×360/营业收入

一般情况下，总资产周转率越高越好。总资产周转率高，表明企业全部资产的使用效率较高。

三、获利能力

获利能力指标主要包括营业利润率、成本费用利润率、总资产报酬率、净资产收益率。

1. 营业利润率

营业利润率＝营业利润/营业收入×100％

营业利润率越高，表明企业市场竞争力越强，发展潜力越大，赢利能力越强。

2. 成本费用利润率

成本费用利润率＝利润总额/成本费用总额×100％

其中：

成本费用总额＝营业成本＋营业税金及附加＋销售费用＋管理费用＋财务费用

成本费用利润率越高，表明企业为取得利润而付出的代价越小，成本费用控制得越好，盈利能力越强。

3. 总资产报酬率

总资产报酬率＝息税前利润总额/平均资产总额×100％

一般情况下，总资产报酬率越高，表明企业的资产利用效益越好，企业赢利能力越强。

4. 净资产收益率

企业资产包括两部分，一部分是股东的投资，即所有者权益（它是股东投入的股本、企业公积金和留存收益等的总和），另一部分是企业借入和暂时占用的资金。

净资产＝资产总额－负债总额

一般情况下，净资产就是所有者权益或者股东权益（参见课题 2“查看资产负债表”的相关内容）。

净资产收益率＝净利润/平均股东权益×100％

净资产收益率（Rate of Return on Common Stockholders' Equity，ROE）又称股东权益回报率，是衡量上市公司赢利能力的重要指标。

净资产收益率反映所有者投资的获利能力，该比率越高，说明所有者投资带来的收益越高；净资产收益率越低，说明企业所有者权益的获利能力越弱。

净资产收益率具有很强的综合性，杜邦分析法是一种从净资产收益率逐步分解计算各财务指标来评价企业获利能力的一种经典方法。

（1）杜邦分析法的概念

杜邦分析法利用几种主要的财务比率之间的关系，来综合地分析企业的财务状况，这种分析方法最早由美国杜邦公司使用，故名杜邦分析法。其基本思想是将企业净资产收益率逐级分解为多项财务比率乘积，如图 5—3—1 所示。

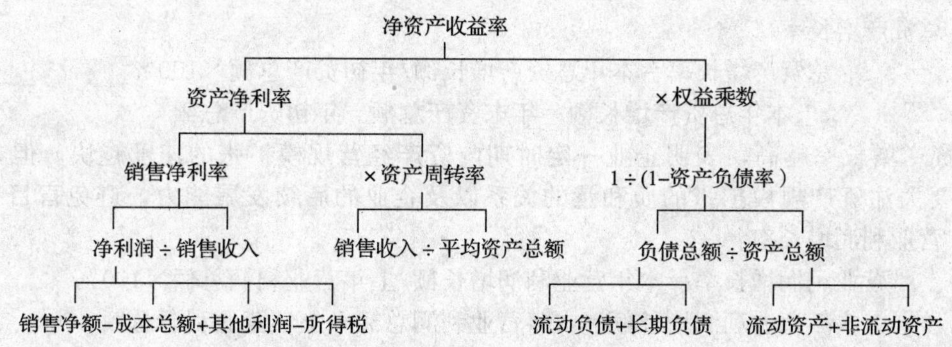

图 5—3—1　杜邦分析法

（2）杜邦分析法的步骤

步骤一　净资产收益率是一个综合性最强的财务分析指标，是杜邦分析系统的核心。根据会计资料（主要是资产负债表和利润表）逐步分解计算各指标。

步骤二　将计算出的指标填入杜邦分析图。

步骤三　逐步进行前后期对比分析，也可以进行企业间的横向对比分析。

(3) 杜邦分析法的基本思路

净资产收益率是从所有者角度来考察企业赢利水平高低的，而总资产利润率是从所有者和债权人两方来共同考察整个企业赢利水平。在相同的总资产利润率水平下，由于企业采用不同的资本结构形式，即不同负债与所有者权益比例，会造成不同的净资产收益率。

权益乘数表示企业的负债程度，反映了公司利用财务杠杆进行经营活动的程度。资产负债率高，权益乘数就大，这说明公司负债程度高，公司会有较多的杠杆利益，但风险也高；反之，资产负债率低，权益乘数就小，这说明公司负债程度低，公司会有较少的杠杆利益，但相应所承担的风险也低。

一般来说，负债增加会导致净资产利润率的上升。

资产净利率取决于销售净利率和总资产周转率的高低。总资产周转率反映总资产的周转速度。对资产周转率的分析，需要对影响资产周转的各因素进行分析，以判明影响公司资产周转的主要问题。销售净利率反映销售收入的收益水平。扩大销售收入，降低成本费用是提高企业销售利润率的根本途径，而扩大销售，同时也是提高资产周转率的必要条件和途径。

四、发展能力

1. 营业收入增长率

营业收入增长率＝本年营业收入增长额/上年营业收入总额×100％

本年营业收入增长额＝本年营业收入总额－上年营业收入总额

营业收入增长率大于零，表明企业本年营业收入有所增长。该指标值越高，表明企业营业收入的增长速度越快，市场前景越好。

2. 总资产增长率

总资产增长率＝本年总资产增长额/年初资产总额×100％

本年总资产增长额＝年末资产总额－年初资产总额

总资产增长率越高，表明企业一定时期内资产经营规模扩张的速度越快。但在分析时，需要关注资产规模扩张的质和量的关系以及企业的后续发展能力，避免盲目扩张。

3. 营业利润增长率

营业利润增长率＝本年营业利润增长额/上年营业利润总额×100％

本年营业利润增长额＝本年营业利润总额－上年营业利润总额

4. 技术投入比率

技术投入比率＝本年科技支出合计/本年营业收入×100％

技术投入比率，是企业本年科技支出（包括用于研究开发、技术改造、科技创新等方面的支出）与本年营业收入的比率，反映企业在科技进步方面的投入，在一定程度上可以体现企业的发展潜力。

实训演练

实训项目1　分析公司财务报表进行基本财务指标

一、实训内容

下载在香港交易所上市的“腾讯公司”年报，整理出公司财务报表中的利润表、资产负债表、现金流量表。并根据财务报表，对“腾讯公司”进行财务指标分析。

学生也可以选择一家自己熟悉或感兴趣的公司按照下面的操作完成其财务报表分析基本财务指标。

二、实训操作步骤

步骤一　下载在香港交易所上市的“腾讯公司”年报，整理出公司财务报表中的利润表、资产负债表、现金流量表。

步骤二　根据“腾讯公司”的财务报表，分析“腾讯公司”财务指标，主要包括偿债能力、营运能力、获利能力、发展能力。

知识链接

实务中，上市公司还经常采用每股收益、市盈率等指标评价其获利能力。

一、每股收益

每股收益也称每股利润或每股盈余，是反映企业普通股股东持有每一股份所能享有企业利润或承担企业亏损的业绩评价指标。

每股收益的计算包括基本每股收益和稀释每股收益。基本每股收益的计算公式为：

基本每股收益＝归属于普通股东的当期净利润/当期发行在外普通股的加权平均数

其中，当期发行在外普通股的加权平均数＝期初发行在外普通股股数＋当期新发行普通股股数×已发行时间/报告期时间－当期回购普通股股数×已回购时间/报告期时间。

已发行时间、报告期时间和已回购时间一般按天数计算，在不影响计算结果的前提下，也可以按月份简化计算。

稀释每股收益指的是：实践中，上市公司常常存在一些潜在的可能转化成上市公司股权的工具，如可转债、认股期权或股票期权等，这些工具有可能在将来的某一时点转化成普通股，从而减少上市公司的每股收益。

每股收益越高，表明公司的获利能力越强。

二、市盈率

市盈率，是上市公司普通股每股市价相当于每股收益的倍数，反映投资者对上市公司每股净利润愿意支付的价格，可以用来估计股票的投资报酬和风险。其计算公式为：

市盈率＝普通股每股市价/普通股每股收益

一般来说，市盈率高，说明投资者对该公司的发展前景看好，愿意出较高的价格购买该公司股票。但是，某种股票的市盈率过高，也意味着这种股票具有较高的投资风险。

思考与练习

1. 公司股东、债权人、经理人、税务及审计部门进行公司财务分析时各自的侧重点是什么？

2. 采购经理对供应商进行财务分析时，重点关注哪些方面？

课题4　撰写公司财务分析报告并演讲

学习目标

1. 了解公司财务分析报告的撰写方法。

2. 能够对某个企业运营进行基本的财务数据与指标分析，并撰写一篇财务分析报告，为商情分析提供参考依据。

课题引入

财务分析的最终目标：为财务报表使用者作出相关决策提供可靠的依据。

在进行了财务报表的分析后，还需要结合经营活动和财务活动所提供的信息及其内在联系，运用一定的科学分析方法，对企业的经营作出系统的分析和评价，并进行必要的科学预测，形成书面报告。

做市场调研，特别是对供应商、代理商、采购商以及对企业自身运营状况进行调查时，一定的财务分析是必要的。本课程并不要求完成专业的财务分析报告，只要能对企业运营进行基本的财务数据与指标分析，为商情分析提供参考依据即可。

撰写财务分析报告首先要收集、整理资料。确定分析报告的标题后，根据企业经营管理的需要，进入编制财务分析报告的阶段。

相关知识

一、财务分析报告的分类

财务分析报告按其内容、范围不同，可分为综合分析报告和专题分析报告。

1. 综合分析报告

综合分析报告又称全面分析报告。它还具有以下两方面的作用：

(1) 为企业的重大财务决策提供科学依据。由于综合分析报告几乎涵盖了对企业财务计划各项指标的对比分析和评价，能使企业经营活动的成果和财务状况一目了然，及时反映出存在的问题，这就给企业的经营管理者作出当前和今后的财务决策提供了科学依据。

(2) 全面、系统的综合分析报告，可以作为今后企业财务管理进行动态分析的重要历史参考资料。

综合分析报告主要用于半年度、年度财务分析时撰写。撰写时必须对分析的各项具体内容的轻重缓急作出合理安排，既要全面，又要抓住重点。

2. 专题分析报告

专题分析报告又称单项分析报告，是指针对某一时期企业经营管理中的某些关键问题、重大经济措施或薄弱环节等进行专门分析后形成的书面报告。它具有不受时间限制、一事一议、易被经营管理者接受、收效快的特点。因此，专题分析报告能总结经验，引起领导和业务部门重视所分析的问题，从而提高管理水平。

专题分析的内容很多，比如关于企业清理积压库存，处理逾期应收账款的经验，对资金、成本、费用、利润等方面的预测分析，处理母、子公司各方面的关系等问题，均可进行专题分析，从而为各级领导作出决策提供现实依据。

本课程主要从基本的财务指标进行分析，以加深在市场调研中对公司分析的认识，并不要求完成深度的专业财务审计分析报告。

二、财务分析报告写作方法

1. 积累素材，为撰写报告做好准备

(1) 关注重要事项

财务人员对经营运行、财务状况中的重大变动事项要勤于做笔录，记载事项发生的时间、计划、预算、责任人及发生变化的各影响因素。必要时马上作出分析判断，并将各类各部门的文件归类归档。

(2) 关注经营运行

财务人员应尽可能争取多参加相关会议，了解生产、质量、市场、行政、投资、融资等各类情况。参加会议，听取各方面意见，有利于财务分析和评价的准确、全面。

(3) 定期收集报表

财务人员除收集会计核算方面的数据之外，还应要求公司各相关部门（生产、采购、市场等）及时提交可利用的其他报表，对这些报表要认真审阅，及时发现问题、总结问题，养成多思考、多研究的习惯。

（4）岗位分析

大多数企业财务分析工作往往由财务经理来完成，但报告素材要靠每个岗位的财务人员提供。因此，应要求所有财务人员对本职工作养成分析的习惯，这样既可以提升个人素质，也有利于各岗位之间相互借鉴经验。只有每一岗位都能发现问题、分析问题，才能编写出内容全面、有深度的财务分析报告。

2. 确定财务分析报告的标题

标题是对财务分析报告的最精练的概括，它不仅要确切地体现分析报告的主题思想，而且要用语简洁、醒目。

由于财务分析报告的内容不同，其标题也就没有统一标准和固定模式，应根据具体的分析内容而定。如“某月份简要会计报表分析报告”“某年度综合财务分析报告”“资产使用效率分析报告”等都是较合适的标题。

拟定了标题，就应围绕题目，利用所收集的资料进行分析并撰写报告。

3. 撰写财务分析报告正文

第一部分：提要

概括公司综合情况，让财务报告接受者对财务分析说明有一个总括的认识。

第二部分：说明

对公司运营及财务现状的介绍。该部分要求文字表述恰当、数据引用准确。说明经济指标时可适当运用绝对数、比较数及复合指标数。特别要关注公司当前运作上的重心，对重要事项要单独反映。公司在不同阶段、不同月份的工作重点有所不同，所需要的财务分析重点也不同。如公司正在进行新产品的投产、市场开发，此时最需要对新产品的成本、回款、利润数据进行分析的财务分析报告。

第三部分：分析

对公司的经营情况进行分析研究。在说明问题的同时还要分析问题，寻找问题的原因和症结，以达到解决问题的目的。财务分析一定要有理有据，要细化分解各项指标，由于有些报表的数据是比较含糊和笼统的，所以要善于运用表格、图示，突出表达分析的内容。分析问题一定要善于抓住当前要点，多反映公司经营焦点和易于忽视的问题。

第四部分：评价

作出财务说明和分析后，对于经营情况、财务状况、赢利业绩，应该从财务角度给予公正、客观的评价和预测。财务评价不能运用似是而非，可进可退，左右摇摆等不负责任的语言，评价要从正面和负面两方面进行，评价既可以单独分段进行，也可以将评价内容穿插在说明部分和分析部分。

第五部分：建议

财务人员在对经营运作、投资决策进行分析后形成的意见和看法，特别是对运作过程中存在的问题所提出的改进建议。值得注意的是，财务分析报告中提出的建议不能太抽象，而要具体化，最好有一套切实可行的方案。

4. 修改和审定财务分析报告

财务分析报告起草后形成的初稿，可交主管领导审阅，并征求主管领导的意见和建议，再反复推敲，不断修改，充实新的内容，使之更加完善，更能反映出所编制财务分析报告的特点，直至最后由主管领导审定。

实训项目　完成一篇财务分析报告并演讲

一、实训内容

完成一篇题为《××股份有限公司年度财务分析》的分析报告，制作相应的PPT幻灯片，并进行演讲说明。

要求对所选企业近两三年财务状况进行分析，调查其运营状况，为公司销售部门提供决策参考。重点分析该所选企业的偿债能力、长期发展能力。

二、实训操作步骤

1. 积累素材，为撰写报告做好准备

步骤一　登录百度网站，搜索、浏览与所选股份有限公司的相关信息。

步骤二　登录上海证券交易所网站，下载该公司年报。

步骤三　查看所选公司经营状况，并对其财务报表进行分析。

步骤四　对过去收集的所选公司经营状况资料进行整理，选择对撰写财务分析报告有价值的资料。

2. 确定财务分析报告的标题

3. 撰写财务分析报告正文

步骤一　登录艾瑞咨询网网站（www.iresearch.cn），打开“免费报告”页面，选择“更多”，在下载目录中，选择下载某公司财务研究报告。

步骤二　阅读报告，参考其公司财务分析报告的撰写格式与研究方法。

步骤三　结合所选公司经营活动、财务活动及相关市场信息，完成财务分析报告。

4. 修改和审定财务分析报告

财务分析报告起草后形成的初稿，经项目小组成员推敲修改后，可交任课教师审阅，并征求任课教师的意见和建议，再进行修改，充实新的内容，使之更加完善。

5. 制作相应的PPT幻灯片，并进行演讲说明

要求同前一课题。

思考与练习

1. 公司财务分析报告主要需要关注哪些问题?
2. 财务分析报告的类型有哪些?

模块六

投资决策与可行性分析

课题 1　判断投资决策能否创造价值

学习目标

1. 了解基本财务原理和投资预算的决策标准。

2. 能够利用净现值法、内部回报率法等基本财务原理，并选择能创造价值的投资决策。

课题引入

假如有一块地，售价 10 000 美元，如果买下，预期一年后卖出可以获益 11 000 美元。该不该做这笔投资呢？这就是一个对于个人而言简单的投资决策。

对于一个公司来说，一项经营计划该实施还是放弃，要看这项计划能否增加公司的市场价值。公司财务报表是对公司过去的某个会计年度经营收支的财务记录，投资决策则是对某个投资项目未来若干年的收支预算和可行性分析。

本课题学习借助于基本财务原理，选择能创造价值的投资决策。

相关知识

一、公司投资的资金来源

大多数情况下，这项风险计划不会用你的钱，公司的所有者，即股东（或许你是公司股东之一）或是那些贷款给公司的债权人将为其提供资金。股东们提供的现金称为权益资本

（如公司新增股票或公司留存收益），贷方提供的资金称为借入资本（如公司发行公司债券或从银行贷款等）。和其他资金来源一样，资本不是无偿的，需要付出代价。只有当计划带来丰厚的利润，可以抵得上投资资本时，它才能吸引外部资金。

为了说服公司的股东同意实施这项计划，这项计划预期的收益必须超出它的成本。

二、一项计划的资本成本

作为一项个人投资，通常把预期收入累加作为总收入，预期支出累加作为总支出，总收入减总支出，大于零就投资，小于零则放弃。

这样做的好处是简单方便，但是要考虑到：资本是有成本的，未来也有不确定性，若干年后的 1 美元和现在的 1 美元是不等价的。

因为现在的 1 美元通过储蓄或其他投资方式，在若干年后将获得大于 1 美元的价值。也就是说，若干年后的 1 美元的现值是低于现在的 1 美元的。

另外，如果是公司经营的投资决策，还要考虑税收等因素。

这样简单加减进行的预算如果是短期的，如在一年以内的投资计划，还可以适用，如果是长期的，则难以准确反映投资价值。

公司股东和债权人都要从他们投资的计划中获得利益。资本成本是指公司使用资本而向资本所有者支付的代价。此外，公司从资本所有者手中筹集这些资本也要负担各种交易费用，这就是资本的筹集成本。

1. 权益资本成本

权益资本成本指股息和红利所占权益资本的比率，股息、红利也合称为股利。

股利＝权益资本×权益资本成本

股息是股东定期按一定的比率从上市公司的税后利润中分取的赢利，红利则是在上市公司分派股息之后的留存收益中，按持股比例向股东分配的剩余利润。

2. 借入资本成本

公司可以从税前利润中扣除借款利息，税后借入资本成本就是税后贷款利率。

税后贷款利率＝贷款利率×（1－税率）

3. 加权平均资本成本

当权益成本和借入成本共同投资一个项目时，资本成本是项目的权益成本和借入资本的加权，权数是指投资于这个项目的全部资本中权益资本和借入资本的比例。

例如，某项目投入了 60％的借入资本和 40％的权益资本。借入资本的年利率为 10％，该项目的预期权益资本的成本为 16％，公司税率为 25％。那么，这个项目的加权平均资本成本（Weighted Average Cost of Capital，WACC）就等于 10.9％。公式为：

加权平均资本成本＝（税后负债成本×借入资本的比重）＋（权益资本成本×权益资本的比重）

＝10％×（1－25％）×60％＋16％×40％＝4.5％＋6.4％＝10.9％

三、基本财务原理

一项经营计划只有在其预期产生的未来净现金收益的现值，超出实施这项计划的初始现金支出时，才会增加公司的价值。

1. 现值

指预期的未来净现金收益折算成现在的现金值。比如，10 万美元通过某项投资，一年后预期得到 11 万美元的回报，投资人并不在意现在拿到 10 万美元还是明年拿到预期的 11 万美元，那么这 10 万美元就是预期的明年 11 万美元的现值。

2. 净现值

一项计划预期实现的未来净现金收益的现值与实施这项计划所需的初始现金支出之差，就是这项计划的净现值（Net Present Value，NPV）。

净现值（NPV）＝未来净现金收益的现值－初始现金支出

一项经营计划的净现值为正时，就可以创造价值，为股东增加财富；当净现值为负时，就会损害价值。

3. 折现率

折现率是指将未来有限期预期收益折算成现值的比率。

从企业估价的角度来讲，折现率是企业各类收益索偿权持有人要求报酬率的加权平均数，一般就取加权平均资本成本。从折现率本身来说，它是一种特定条件下的收益率，说明资产取得该项收益的收益率水平。

课题 2 中将详细说明折现方法和如何计算长于一年项目的预期现金流的净现值。对一年期的投资来说：

预期现金收入的现值＝预期现金收入/（1＋折现率）

四、资本预算的决策标准

资本预算的决策标准，如净现值法和内部回报率法，都是基本财务原理的直接应用。

1. 净现值法

如果项目的净现值为正，就应该实施；如果项目的净现值为负，就应放弃。

2. 内部回报率法

一个项目的内部回报率（Inter Rate of Return，IRR）就是这个项目的净现值为 0 时的折现率。

例如，对一年期的投资来说，如果净现值为 0：

0＝预期现金收入/（1＋内部回报率）－初始现金支出

那么，内部回报率＝（预期现金收入－初始现金支出）/初始现金支出。

两期或多期投资的内部回报率计算公式和计算方法将在课题 3 中介绍。

如果一个项目的内部回报率高于它的资本成本，就应该实施这个项目；如果项目的内部回报率低于它的资本成本，就应该放弃。

五、公司创造价值的判定标准

上面回答了如何判断一个项目是否能够创造价值，那么如何判断一家公司是否在创造价值呢？可以把基本的财务原理应用于公司的全部投资资本。如果公司全部投资的净现值为正，它就在创造价值。将公司资本的市场价值减去投入资本总额，就可以得到净现值。

1. 附加市场价值

附加市场价值（Market Value Added，MVA）就是将公司资本的市场价值减去投入资本总额，得到的净现值。

附加市场价值＝公司资本的市场价值－投入资本总额

对上市公司来说，附加市场价值就是公司股票市场价值与累计资本投入之间的差额。换句话说，就是企业变现价值与原投入资本之间的差额，它直接表明了一家公司累计为股东创造了多少财富。

MVA 对于上市公司而言是一个企业价值分析的好工具，但在分析非上市公司时就无能为力了，因为很难获得非上市公司的市场价值数据。

2. 附加经济价值

附加经济价值（Economic Value Added，EVA）工具，是美国思腾思特咨询公司（Stern Stewart & Co.）于 1982 年提出并实施的。现在，EVA 逐渐被资本市场以及广大投资者接受，成为最普及的投资价值指标之一。

附加经济价值也称为经济利润，指公司税后营业利润减去占用资本的成本。

附加经济价值＝税后营业利润－占用资本的成本

占用资本的成本＝占用资本×加权平均资本成本

表示净营运利润与投资者用同样资本投资其他风险相近的有价证券的最低回报相比，超出或低于后者的量值。

资本费用是 EVA 最突出最重要的一个方面。在传统的会计利润条件下，大多数公司都在赢利，但是，许多公司实际上是在损害股东财富，因为所得利润是小于全部资本成本的。

以经济利润而不是以会计利润来评价经理人员的业绩，可以促使他们关注投入资本的成本。

实训演练

实训项目 1　应用基本财务原理选择创造价值的投资决策

一、实训内容

案例一：R 公司正在考虑 3 个为期一年的项目。公司可以 10%的利率贷款，公司税率为 25%，估计权益成本为 15%，负债与权益比率为 2∶3。这些项目的预期净现金流量记录见表 6—1—1。回答以下问题：

（1）权益成本为何高于负债成本？

（2）计算 R 公司的加权平均资本成本。

（3）将净现值法应用于这 3 个项目，哪个项目实施后更有创造价值的潜力？

（4）这 3 个项目的内部回报率是多少？说明了什么？

表 6—1—1　　**R公司投资项目**　　单位：美元

项　目	初始现金流出	年末净现金收益
A	90 000	112 000
B	160 000	168 000
C	250 000	280 000

二、实训操作步骤

步骤一　阅读理解案例一的解答方法过程

(1) 一般来说，权益资本的风险大于负债风险，因为债权人对公司资产有优先求偿权。就像买股票的风险比买债券的风险大一样，预期的回报率也更高。

(2) 负债与权益比率为 2∶3，说明资本结构为 40%负债和 60%权益。

WACC＝10%（1－25%）40%＋15%×60%＝12%

(3) 折现率取 12%。

NPV＝预期现金收入/（1＋折现率）－投入资本总额

项目 A 的 NPV＝112 000/(1＋12%) －90 000＝10 000 美元

项目 B 的 NPV＝168 000/(1＋12%) －160 000＝－10 000 美元

项目 C 的 NPV＝280 000/(1＋12%) －250 000＝0 美元

可见项目 A 实施后可以创造价值。

(4) 项目 A 的 IRR＝（112 000－90 000）/90 000＝24.4%

项目 B 的 IRR＝（168 000－160 000）/160 000＝5%

项目 C 的 IRR＝（280 000－250 000）/250 000＝12%

与资本成本 12%比较，项目 A 的 IRR 大于资本成本，应该实施项目 A。

步骤二　完成下面的练习

2008 年，S 公司正在考虑 3 个为期一年的项目，投资 100 万，其中贷款 60 万，利率 7%，权益资本 40 万，成本为 16%，公司所得税 40%。这些项目的预期净现金流量记录见表 6—1—1。

试分析：哪个项目实施后创造价值的潜力最大？

实训项目 2　分析负债与权益融资对公司收益的影响

一、实训内容

案例二：某公司 2008 年，投资 100 万元，其中贷款 50 万元，利率 10%，权益资本 50 万元，成本为 10%。公司所得税 40%，息税前收益 50 万。

案例三：某公司 2008 年，投资 100 万元，其中权益资本 100 万元，成本为 10%。公司所得税 40%，息税前收益 50 万元。

问题 1：计算这两个例子中公司的净利润、所得税和留存收益。

问题 2：对案例三中的公司而言，净利润增加了，留存收益却减少了，为什么呢？

问题 3：计算公司经济利润，进行比较。

二、实训操作步骤

步骤一　阅读理解案例二、案例三的解答方法过程。

问题 1：计算这两个例子中公司的净利润、所得税和留存收益。

利息是在税前利润（净利润）中支出的：

税前利润（净利润）＝息税前收益－利息

税收是在净利润中提取的：

税后利润＝（息税前收益－利息）（1－税率）

股息和红利是在税后利润中提取的：

留存收益＝税后利润－股利

＝（息税前收益－利息）（1－税率）－股利

案例二：净利润＝息税前收益－利息＝50－50×10％＝45，所得税＝45×0.4＝18，留存收益＝45×0.6－5＝22

案例三：净利润＝50，所得税＝50×0.4＝20，留存收益＝50×0.6－10＝20

问题 2：对案例三中的公司而言，净利润增加了，留存收益却减少了，为什么呢？

注意看借入资本利息对税收的影响：案例三中所得税增加了 2。

问题 3：计算公司经济利润，进行比较。

案例二：税后营业利润＝45－18＝27，加权平均资本成本＝10％（1－40％）50％＋10％×50％＝8％，占用资本的成本＝100×8％＝8

经济利润＝税后营业利润－占用资本的成本＝27－8＝19

案例三：税后营业利润＝50－20＝30，加权平均资本成本＝10％，占用资本的成本＝10，经济利润＝税后营业利润－占用资本的成本＝30－10＝20

案例三中的公司创造了更大的经济利润，较少的留存收益。

步骤二　完成下面的练习题。

某公司 2008 年，投资 100 万元，其中借入资本 100 万元，成本为 10％。公司所得税 40％，息税前收益 50 万元。

计算这个例子中公司的净利润、所得税、留存收益、经济利润，并将结果与案例二、案例三进行比较。

知识链接

一、啄食顺序理论简介

1984 年，美国经济学家梅耶（Mayer）提出了著名的啄食顺序理论（The Pecking Order Theory），他认为，企业融资通常顺序应该是：留存收益、银行贷款、发行债券、股权融资。

主要考虑到使用留存收益成本最低，债务融资可以给企业带来的税收屏蔽效应，发行新权益成本最高。

这条融资定律已经在西方发达国家得到了普遍验证。

我国上市公司的融资顺序表现为：股权融资、银行贷款、发行债券、留存收益，即目前我国上市公司的融资顺序与啄食顺序原则存在明显的冲突。

二、计算借入资本的“利息税蔽”

借入资本利息对留存收益的影响：

留存收益＝税后利润－股利

＝（息税前收益－利息）（1－税率）－股利

＝息税前收益（1－税率）－利息（1－税率）－股利

＝息税前收益（1－税率）－利息－股利＋利息×税率

税后贷款利息指的是：利息（1－税率）。

留存收益中，资本成本不是简单的“利息＋股利”，“利息×税率”是资本成本每年的税金节约额，称为利息税蔽。

思考与练习

1. 如何制定能够创造价值的投资决策？

2. 某公司 2008 年，投资 100 万元，其中贷款 60 万元，利率 7%，权益资本 40 万元，成本为 16%。公司所得税 40%，息税前收益 50 万元。

（1）计算这个例子中公司的净利润、所得税和留存收益。

（2）计算这项投资的加权平均资本成本。

（3）计算公司 2008 年的经济利润并给出评价。

课题 2　判断投资决策是否可行

学习目标

1. 了解净现值准则及使用方法。
2. 能够利用净现值法判断投资是否可行。

课题引入

假如附近有一块地，售价 10 000 美元，如果买下，预期两年后卖出可以获益 10 200 美元；两年通过出租，每年年末可获租金 500 美元，该不该做这笔两年期的投资呢？

课题 1 的课题引入中曾提到，假如有一块地，售价 10 000 美元，如果买下，预期一年后卖出可以获益 11 000 美元，这是一年期的投资。如果是多期投资呢?

本课题用净现值法对投资决策的投资价值进行判断分析。

相关知识

一、净现值准则的定义

净现值（NPV）是一项投资所产生的未来现金流的折现值与项目投资成本之间的差值。

净现值准则是评价投资方案的一种方法。该方法就是先算出这项投资的净现值，然后根据净现值的大小来评价投资方案。

净现值为正值，投资方案是可以接受的；净现值为负值，投资方案就是不可接受的。

净现值越大，投资方案越好。净现值法是一种比较科学、简便的投资方案评价方法。净现值的计算公式如下：

净现值（NPV）＝未来净现金收益的现值－初始现金支出

$$=-F_0+\sum_{r=1}^{n}\frac{F_t}{(1+k)^t}$$

其中，F_0是初始现金支出，F_t第 t 期的净现金收益，k 是折现率。

二、折现率的确定

净现值法应用的主要问题是如何确定贴现率，常根据资金成本（WACC）来确定，也可以根据企业要求的最低资金利润率来确定。在评估中没有固定的折现率，适用的折现率要根据被评估企业的具体情况来确定。不同行业的企业适用不同的折现率。

1. 根据资金成本

从企业估价的角度来讲，折现率就是企业各类收益索偿权持有人要求报酬率的加权平均数。即：

折现率＝加权平均资本成本

2. 根据行业资金利润率

以行业平均资金利润率为基础，再根据企业条件、经营状况进行调整。公式：

折现率＝无风险报酬率＋风险报酬率＋通货膨胀率

无风险报酬率是不考虑风险报酬情况的利率，一般是指国债利率，在我国也可指一年期银行储蓄利率。

风险报酬一般包括经营风险和财务风险。经营风险是由企业经营本身所引起的收益不确定性。它可通过企业经营期间运营收入的分布来度量，一般由专业机构评估。运营收入变化越大，经营风险越大；运营收入变化越小，经营风险越小。

3. β系数法

资本资产定价模型是通过β值来衡量上市公司投资项目的市场风险。

折现率＝无风险报酬率＋β（社会平均收益率－无风险报酬率）

股票市场较成熟的发达国家和地区经常采用β系数法，而在我国目前股票市场波动性较大的情况下，一般不宜采用这种方法。

实训演练

一、一期投资可行性判断

案例一：假如附近有一块地，售价 10 000 美元，如果买下，预期一年后卖出可以获益 11 000 美元，该不该做这笔投资呢?

根据净现值法，首先要确定一年后获益 11 000 美元的折现率。

如果初始投入的 10 000 美元是个人存款，折现率就是当前的一年期存款利率 4%。

如果是银行贷款投资，折现率就是当前的一年期贷款利率 6%。

这里假定是贷款，折现率取 6%。

$$11\ 000 \text{ 美元的现值} = 11\ 000/(1+0.06) = 10\ 377 \text{ 美元}$$

$$NPV = -10\ 000 + 11\ 000/(1+0.06) = 377 \text{ 美元}$$

净现值为正，所以应该买这块地。

二、两期投资可行性判断

案例二：假如附近有一块地，售价 10 000 美元，如果买下，预期两年后卖出可以获益 10 200 美元；两年通过出租，每年年末可获租金 500 美元，该不该做这笔投资呢?

同案例一，折现率取 6%。

第一年末现金流入：500 美元，现值$=500/(1+0.06)=472$ 美元

第二年末现金流入：500+10 200 美元，现值$=10\ 700/(1+0.06)^2=9\ 523$ 美元

$$NPV = -10\ 000 + 472 + 9\ 523 = -5 \text{ 美元}$$

所以不应该买这块地。

三、多期投资可行性判断

案例三：R 公司考虑投资一个新产品，现在需要支出 2 360 000 美元，这个产品预计 5 年后淘汰。这项投资预计每年可产生的净现金流为：第 1 年年底 832 000 美元，第 2 年年底 822 000 美元，第 3 年年底 692 000 美元，第 4 年年底 554 000 美元，第 5 年年底 466 000 美元。末期现金流包括了该产品设备转卖变现的价值。这个项目预计资本成本为 9%。

公司应该投资该新产品吗?

这个案例的计算量比较大，可以使用财务计算器或 Excel 财务函数帮助分析。

步骤一 启动 Excel 电子表格，输入相关数据后，选择 NPV 对应的空单元格，在菜单栏“插入”里点击启动“函数”，如图 6—2—1 所示。

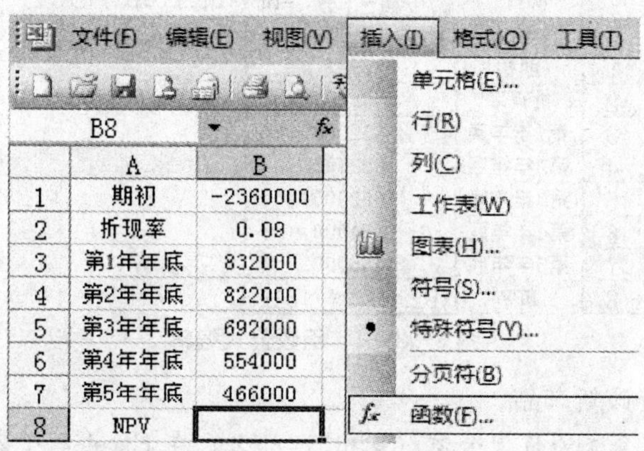

图 6—2—1　插入函数

步骤二　在"选择类别"中依次选择"财务""函数名""NPV"，如图 6—2—2 所示。

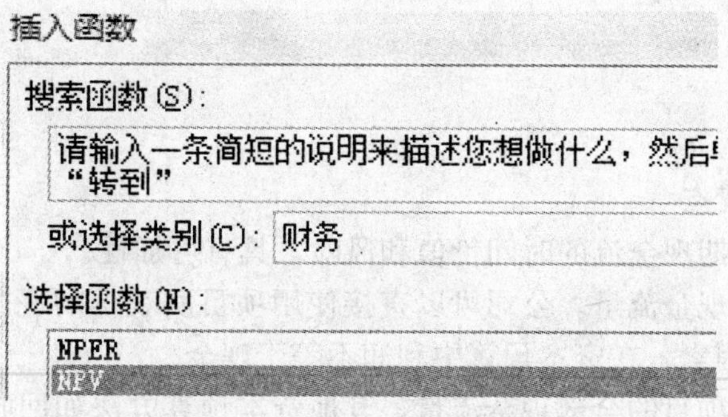

图 6—2—2　插入 NPV 函数

步骤三　输入相关参数，Rate 取折现率 B2，Value1 拖选第 1 年年底到第 5 年年底的现金流 B3∶B7，单击"确定"，如图 6—2—3 所示。

	A	B	C	D
1	期初	-2360000		
2	折现率	0.09		
3	第1年年底	832000		
4	第2年年底	822000		
5	第3年年底	692000		
6	第4年年底	554000		
7	第5年年底	466000		
8	NPV	B3:B7)		

函数参数
NPV
Rate B2
Value1 B3:B7
Value2

图 6—2—3　输入 NPV 参数

步骤四　在函数公式编辑中，修改为"＝NPV（B2，B3∶B7）＋B1"，如图 6—2—4 所示，B1 对应的是期初投入资金，为－2 360 000，确定输入后，得出该项目净现值 324 850.27。

NPV =NPV(B2,B3:B7)+B1

	A	B	C
1	期初	-23输入0	
2	折现率	0.09	
3	第1年年底	832000	
4	第2年年底	822000	
5	第3年年底	692000	
6	第4年年底	554000	
7	第5年年底	466000	
8	NPV	(B2,B3:B7)+B1	

图 6—2—4　函数公式编辑

说明公司应该投资该新产品。

注意：如果预期现金流为负现金流（支出），那么，在 Excel 电子表格中输入相关数据应该为负值。如果第 5 年年底净现金流为负 466 000（支出），则对应数据应为“—466 000”。

思考练习：案例三中，其他条件不变，但公司在第 4 年年底需要追加投资 600 000 美元，公司还应该投资该新产品吗？

知识链接

一、净现值法的优点

1. 调整了项目预期现金流的时间价值和风险，具有可加性。

2. 净现值法使用现金流量。公司可以直接使用项目所获得的现金流量，相比之下，利润包含了许多人为的因素。在资本预算中利润不等于现金。

3. 净现值包括了项目的全部现金流量，其他资本预算方法如回收期法往往会忽略某特定时期之后的现金流量。

4. 净现值对现金流量进行了合理折现，有些方法如回收期法、会计收益率法在处理现金流量时往往忽略货币的时间价值。

二、使用净现值法应注意的问题

1. 折现率的确定。净现值法虽考虑了资金的时间价值，可以说明投资方案高于或低于某一特定的投资报酬率，但没有揭示方案本身可以达到的具体报酬率是多少。折现率的确定直接影响项目的选择。

2. 用净现值法评价一个项目的多个投资机会，虽反映了投资效果，但只适用于年限相等的互斥方案的评价。

3. 净现值法是假定前后各期净现金流量均按最抵报酬率（基准报酬率）取得的。

4. 若投资项目存在不同阶段有不同风险，那么最好分阶段采用不同折现率进行折现。

思考与练习

1. 假如附近有一块地，售价 10 000 美元，如果买下，预期两年后卖出可以获益 10 200

美元；两年通过出租，每年年初可获租金 500 美元，该不该做这笔投资呢？

课题 3 分析投资决策的可行性

课题引入

DS公司现在面对一个预期收益丰厚的新项目。但是，由于种种原因，公司自有资金不足，同时又很难获得银行贷款或通过金融市场融资，而只能通过私人贷款或地下钱庄的形式获得融资。地下钱庄放贷利息较高，月息通常为 5%～10%。月息 7%的话，一年下来，其利息高达就 84%。

DS公司不愿意放弃这个项目，就要高息融资。现在，首先要考虑的问题是：

1. 多长时间可以收回投资？
2. 投资该项目，能承受的最高资本成本是多少？

课题分析

在公司资金比较紧张的情况下，往往偏向于投资周期短、见效快的项目，这样有利于公司整体的流动性，对于主要依靠内生资金经营的小公司是非常重要的，因为它们不易通过银行或金融市场筹集到长期资金。所以，回收期准则尽管存在一些明显的缺陷，还是有很多的管理者喜欢使用。

许多中小企业在短期贷款时只能被动地找担保公司或地下钱庄进行高息融资。其能承受的最高贷款利息就是，在这个资本成本下，实施该项目不亏也不赚。

相关知识

一、回收期

1. 静态投资回收期

静态投资回收期（简称回收期），是指以投资项目经营净现金流量抵偿原始总投资所需要的全部时间。

投资回收期法的优点是易于理解，计算简便，只要算得的投资回收期短于行业基准投资回收期，就可考虑接受这个项目。

如果两个项目有相同的净现值，但回收期不同。在这种情况下，就应该选择有较短回收期的项目。

2. 折现回收期

折现回收期是指将一个投资项目的未来收益折算为现值，使其等于期初投资，所计算出来的回收期。

二、内部回报率法

具体内容参见课题 1。

在本节“课题引入”中，DS 公司能承受的最高资本成本就是该项目的 IRR。

三、净现值法和内部回报率法的比较。

净现值法和内部回报率法都是对投资方案未来现金流量计算现值的方法。

运用净现值法进行投资决策时，其决策准则是：NPV 为正数（投资的实际报酬率高于资本成本或最低的投资报酬率）方案可行；NPV 为负数（投资的实际报酬率低于资本成本或最低的投资报酬率）方案不可行。

如果是相同投资的多方案比较，则 NPV 越大投资效益越好。

内部回报率法的优点是能够把项目寿命期内的收益与其投资总额联系起来，指出这个项目的收益率，便于将它与行业基准投资收益率对比，确定这个项目是否值得投资。

使用借款进行投资，在借款条件（主要是利率）还不很明确时，内部回报率法可以避开借款条件，先求得内部回报率，作为可以接受借款利率的高限。

但内部回报率表现的是比率，不是绝对值，一个内部回报率较低的方案，可能由于其规模较大而有较大的净现值，因而更值得投资。所以在各个方案选比时，必须将内部回报率与净现值结合起来考虑。

净现值法的优点是考虑了投资方案的最低报酬水平和资金时间价值的分析；缺点是 NPV 为绝对数，不能考虑投资获利的能力。所以，净现值法不能用于投资总额不同的方案的比较。

建议：用内部回报率准则同样可以估计项目的净现值，因此，内部回报率和净现值都应该计算。当两个准则得出同样的建议时，用内部回报率代替净现值；用两种方法的分析结果存在矛盾时，应该相信净现值准则。

实训演练

一、计算投资回收期

案例一：根据表 6—3—1，计算投资 A 和投资 B 的净现值、回收期。比较投资 A 和投资 B，并作出选择？

表 6—3—1 **回收期的计算** 单位：美元

年底	投资 A	投资 B
现在	−1 000 000	−1 000 000
1	600 000	200 000
2	300 000	200 000

续表

年底	投资 A	投资 B
3	100 000	300 000
4	200 000	300 000
5	300 000	666 740
净现值（k=10%）		
回收期		

投资 A 和投资 B 具有一样的初始现金流出，一样的资本成本。用 Excel 算出净现值也一样，都是 191 399 美元。但是项目 A 的回收期为 3 年，项目 B 的回收期为 4 年。所以更倾向于选择回收期较短的项目 A。

二、应用内部回报率法判断投资项目潜在获利能力

案例二： 投资 E 和投资 H 经济寿命同为 5 年，初始现金流出都是 100 万美元，资本成本也相同（k=0.1）。根据表 6—3—2 给出的不同预期现金流，计算投资 E 和投资 H 的 IRR 和净现值，并进行比较，作出选择？

表 6—3—2　　内部回报率的计算　　单位：美元

年底	投资 E	投资 H
现在	−1 000 000	−1 000 000
1	325 000	100 000
2	325 000	100 000
3	325 000	100 000
4	325 000	150 000
5	325 000	1 500 000
IRR		
净现值（k=10%）		

手工计算 IRR 将是非常麻烦的，同样的，可以使用财务计算器或 Excel 财务函数帮助解决这个问题。

步骤一　启动 Excel 电子表格，输入相关数据后，选择要填入 IRR 的单元格，在菜单栏“插入”里单击启动“函数”。

步骤二　在插入函数对话框里“选择类别”中选择“财务”，“函数名”选择“IRR”，单击“确定”，如图 6—3—1 所示。

步骤三　输入相关参数，拖选“初始投入”到“末期现金”，注意初始投入现金流为支出，要加负号。然后单击“确定”，如图 6—3—2 所示。

年底（单位：美元）	投资E
现在	-1000000
1	325000
2	325000
3	325000
4	325000
5	325000
IRR	=
净现值（k=10%）	

插入函数
搜索函数(S)：
请输入一条简短的说明来
“转到”
或选择类别(C)：财务
选择函数(N)：
INTRATE
IPMT
IRR

图 6—3—1　插入 IRR 函数

年底（单位：美元）	投资E	投资H
现在	-1000000	-1000000
1	325000	100000
2	325000	
3	325000	
4	325000	
5	325000	
IRR	=IRR(F14:F19)	

函数参数
IRR
Values F14:F19
Guess

图 6—3—2　输入 IRR 参数

步骤四　得出投资 E 的 IRR 后，再计算投资 H 的 IRR，分别为 18.72%、16.59%。

步骤五　再求出投资 E 和投资 H 的净现值，分别为 232 006、282 519。

步骤六　比较分析如下：

投资 E 和投资 H 的 IRR 都大于资本成本 10%，根据内部回报率准则都应该接受。

同时说明投资 E 和投资 H 可承受的最高资本成本分别为 18.72%、16.59%。

投资 E 的内部回报率高于投资 H，表面看似乎更应该选择投资 E。可是，投资 E 和投资 H 的净现值分别为 232 006、282 519，根据净现值准则，投资 H 优于投资 E。

一般来说，当依据对公司的权益价值的贡献来决定项目的优先顺序时，应该使用净现值准则而不是内部回报率准则。这里应该选择投资 E。

当然，使用内部回报率比使用净现值更容易反映项目的潜在获利能力。所以，在“推销”投资建议时，管理者常常喜欢用内部回报率来说明问题。

三、练习

两个项目的预期现金流见表 6—3—3，它们的资本成本都是 10%。

表 6—3—3　　**项目评估**　　单位：美元

年底	投资 M	投资 N
现在	−2 000 000	−2 000 000
1	200 000	1 400 000
2	1 200 000	1 000 000
3	1 700 000	400 000

续表

年底	投资 M	投资 N
净现值（k=10%）		
回收期		
IRR		

计算每个项目的净现值、回收期、内部回报率，并进行比较分析。

思考与练习

1. 计算案例一中的投资 A 和投资 B 的内部回报率。
2. 计算案例二中的投资 E 和投资 H 的投资回收期。

课题 4　撰写可行性分析报告并演讲

学习目标

1. 初步认识可行性分析报告。
2. 了解可行性分析报告的一般格式与内容要求。
3. 撰写一份简要的可行性分析报告并做演讲说明。

课题引入

王军今年就要毕业了，他打算就在学校附近开一家休闲零食店，一方面通过实体店面向学生和周边居民开展零售，另一方面进一步发展网店的销售。

这项计划可行吗？请为王军做一份可行性分析报告。

学生也可以选择一项自己熟悉或感兴趣的创业计划进行可行性分析。

相关知识

一、项目可行性分析报告的含义

可行性分析报告，就是从事一种经济活动（投资）之前，企业要从经济、技术、生产、供销直到社会各种环境、法律等各种因素进行具体调查、研究、分析，确定有利与不利因素、项目是否可行，估计成功率大小、经济效益和社会效益程度，为决策者和主管机关审批而制定的上报文件。

二、项目可行性分析报告的写作格式

1. 引言

引言主要包括项目名称、目标和基本功能，用户单位名称，新项目开发单位，该项目与其他项目或机构的关系和联系，在可行性报告中使用的专门术语及其定义，该报告中所引用的文件和技术资料等。

2. 可行性分析的准备

可行性分析的准备包括可行性分析的要求和目标，进行可行性分析所具备的条件和限制，进行可行性分析所采用的方法。

3. 对项目的分析

对项目的分析包括企业要实现的目标与完成的任务，组织机构和管理体制，可供利用的资源及制约条件，目前企业存在的主要问题及薄弱环节。

4. 新项目方案

新项目方案包括新项目的目标及要实现的功能，新项目的组成结构，新项目的实施计划、安排，包括各阶段对人力、资金、设备的需求，新项目实现后对组织结构、管理模式的影响等。

5. 可行性分析

可行性分析包括项目的必要性、项目的经济可行性和技术可行性、组织管理的可行性等。

6. 可行性分析的结论

根据以上对项目的可行性分析，可以得出一个该项目是否可行的结论，一般有以下几种结论：

（1）可以立即进行。

（2）需要增加一定设备资源后才能进行。

（3）要推迟到某些条件具备以后才开始进行。

（4）需要对项目目标进行重大修改。

（5）不能或不必要确立该项目。

三、项目可行性分析报告的主要内容

1. 基本情况

（1）项目申请单位情况：单位名称、地址及邮编、联系电话、法人代表姓名、人员、资产规模、财务收支状况等情况。

（2）项目负责人基本情况：姓名、性别、职称、专业、联系电话，与项目相关的主要业绩。

（3）项目基本情况：项目名称、项目类型；主要工作内容、预期总目标及其阶段性目标；主要预期经济效益和社会效益指标；项目总投入情况（包括人、财、物等方面）。

2. 必要性和可行性

（1）项目背景及实施项目的必要性。包括项目受益范围分析，项目是否符合国家政策，是否属于国家政策优先支持的领域和范围，国家（含部分地区）需求分析，申请单位事业发展需求分析，项目实施对申请单位、所属领域或社会事业发展的意义与作用。

（2）项目实施的可行性。包括与同类项目比较分析、项目的主要思路与设想、项目预算的合理性及可靠性分析、项目预期社会效益分析、项目预期效益的持久性分析。

（3）项目不确定性分析。包括项目实施过程中存在的不确定性分析、对应措施分析。

3. 实施条件

（1）人员条件。包括项目负责人组织管理能力，项目主要参加人员的姓名、性别、职务、专业及对项目熟悉情况。

（2）资金条件。包括项目的投入总额，对财政专项资金的最低需求额，其他渠道资金的来源及其落实情况（需提供相关证明文件及资料）。

（3）基础条件。项目申请单位及合作单位完成该项目已经具备哪些基础条件（重点说明项目申请单位及合作单位具备哪些设施条件，需要增加哪些新的关键设施）。

（4）其他相关条件。

4. 进度与计划安排

项目的阶段性目标情况，分段实施进度计划与计划安排情况。

5. 主要结论

得出一个该项目是否可行的结论。

实训演练

一、认识可行性分析报告

步骤一　初步认识可行性分析报告，了解可行性分析报告的一般格式与内容要求。

步骤二　上网分别以“可行性分析报告”或“可行性研究报告”为关键词搜索相关信息，并适当下载一些相应的材料，进一步了解可行性分析报告的作用、格式和写法。

二、完成《休闲零食店可行性分析报告》

1. 项目可行性分析报告的编制依据

准备资料包括：

（1）国家和地区的经济和社会发展规划。

（2）国家有关法律、法规，政府的有关规定。

（3）项目投资、合作各方签订的协议书或意向书。

2. 项目可行性分析报告的写作

（1）概述

简述项目提出的背景，项目的技术状况，现有产业规模，项目的主要用途、性能，投资的必要性和预期经济效益，实施该项目的优势。

用 PEST 分析、波特五力模型、SWOT 分析等方法，对学校周边环境与市场实地调研考察，通过市场分析，确定产品定位、客户定位、价格定位。

(2) 技术可行性分析

项目承担单位在实施本项目上的优势，工艺的合理性和成熟性，关键技术的可行性和效果论述。

(3) 市场需求情况分析

步骤一 对在学校附近开一家休闲零食店的可行性进行思考，确定主营产品、货源。

步骤二 如果有合适的产品和货源，考虑店面选址、租金。进行走访调研，得出一手的真实市场数据。

(4) 财务分析

财务分析以动态分析为主，提供财务内部收益率、贷款偿还期、投资回收期、投资利润率和利税率、财务净现值等指标。

步骤一 通过市场需求预测预期收益（以月为单位）。

步骤二 计算投资成本，包括租金、进货成本、水电、人员、设备、工商税务等的资本投入。考虑投入资金的来源与成本。

步骤三 使用基本财务原理，如回收期、内部回报率、净现值等方法对这项投资的资本成本与预期收益进行比较，注意风险的分析及规避。

步骤四 不确定性分析

主要进行盈亏平衡分析和敏感性分析，对项目的抗风险能力作出判断。

(5) 必要的证明材料

1) 特殊行业许可证；

2) 可提供项目立项证明、产品质量认证、环保证明、合同等补充材料。

(6) 结论与写作

步骤一 给出总体结论（可行还是不可行）和实施方案。

步骤二 整理资料，根据实际需要，确定《休闲零食店可行性分析报告》的基本构架，然后完成这篇报告。

三、制作可行性分析报告 PPT 并演讲

根据实际市场调研资料与体会，为《休闲零食店可行性分析报告》制作可行性分析报告的 PPT 并演讲。

思考与练习

1. 项目可行性分析报告与一般的销售市场调研报告有哪些不同与联系？
2. 结合自己的实践体会总结一下，对于不同类型的演讲，分别应该注重什么？

课题 5　撰写公司尽职调查报告

学习目标

1. 初步了解尽职调查报告。
2. 了解尽职调查报告的一般格式与内容要求。
3. 撰写一份简要的尽职调查报告。

课题引入

如果你是某股份有限公司的战略投资人，现在要求你对该股份有限公司进行尽职调查。

相关知识

一、尽职调查的含义

尽职调查又称谨慎性调查，是指投资人在与目标企业达成初步合作意向后，经协商一致，投资人对目标企业一切与本次投资有关的事项进行现场调查、资料分析的一系列活动。

尽职报告主要是在收购（投资）等资本运作活动时进行，但企业上市发行时，也会需要事先进行尽职调查，以初步了解是否具备上市的条件。

二、尽职调查的目的

完成一个尽职调查的目的是判明潜在的致命缺陷和它们对收购及预期投资收益的可能的影响。

三、尽职调查的内容

尽职调查的内容一般包括目标企业所在行业研究、企业所有者、历史沿革、人力资源、营销与销售、研究与开发、生产与服务、采购、法律与监管、财务与会计、税收等。

四、尽职调查提纲

1. 企业基本情况

企业基本情况主要包括企业发展概况、管理构架、股权结构、下属公司、经营范围等。

2. 市场营销及客户资源

市场营销及客户资源主要包括产品及服务、重要商业合同、市场结构、销售渠道、定价政策、市场推广及销售策略、售后服务、客户构成及忠诚度等。

3. 企业资源及生产流程管理

企业资源及生产管理主要包括生产设备及使用效率、研究及开发、采购策略、采购渠道、供应商、重大商业合同等。

4. 公司财务情况

公司财务情况主要包括三年的经营业绩、营业额及毛利分析、三年的经营及管理费用分析、三年的资产负债表分析、未来两年的利润预测、现金流量预测、公司债务分析等。

5. 公司主营业务的行业分析

公司主营业务的行业分析主要包括行业现状及发展前景、中国特殊的经营环境和经营风险分析、公司在该行业中的地位及影响。

6. 公司涉诉事件

公司涉诉事件主要包括作为原告诉讼事件、作为被告诉讼事件。

7. 其他有关附注

其他有关附注包括公司股东、董事及主要管理者是否有违规情况、公司有无重大违法经营情况、上级部门对公司有无重大影响事宜等。

8. 企业经营面临的主要问题

企业经营面临的主要问题主要包括困难或积极因素、应对措施。

实训演练

步骤一 制定公司尽职调查写作提纲。

步骤二 能够对影响企业的主要因素进行收集、整理、分析。

步骤三 利用 Excel 进行数据统计分析与图表制作。

步骤四 结合课程所学的知识完成公司尽职调查报告。

步骤五 对公司尽职报告进行规范排版，打印分析报告提交，作为期末考核。

附录：商情分析课程实施说明

一、课程时间安排

每个模块8课时，一般学习两周。具体安排如下：

1. 第1、2课时，教师做动员与讲解。
2. 第3、4课时，小组组员协作完成模块任务计划书要求的任务。
3. 课外，项目小组组长组织组员分工完成分析报告的资料收集与整理。
4. 第5、6课时，分项目小组讨论、整理、分析资料，完成分析报告，并制作PPT。
5. 第7、8课时，组长根据PPT陈述小组分析报告。教师做本模块项目总结。

二、实训演练说明

各模块中的实训项目以项目小组为单位完成，每组4～5人，按学号顺序组合，组长轮流担任。

1. 组长与小组成员协作完成每个模块任务计划书要求的任务。
2. 每个模块要求完成一篇相应的商情分析报告，报告由项目小组成员合作完成，每个项目在8个课时内（一般两周）完成。组长负责计划、组织分工、收集资料、完成分析报告、制作PPT、总结陈述；组员负责收集资料、提供初步分析报告、对完成的分析报告提出建议并修改。
3. 每个小组打印7份“项目实施记录表”，每个项目完成后，由组长负责手工填写“项目实施记录表”，每个项目提交一份。
4. 如需打印调查问卷，由小组共同出资。
5. 个人独立完成一份针对某家公司的市场综合分析报告。个人报告第15周完成初稿（电子稿），由任课教师进行辅导，并提出修改建议和要求，第17周交定稿（打印稿），作为期末考核。
6. 每个模块结束，要求完成书面作业，如“模块三任务实施记录与个人小结”。书面作业分别在第5、9、13、17周分四次上交。

三、质量评比

1. 个人演讲：个人演讲采取百分制打分，其中仪态30分，语言表达30分，内容20分，PPT制作20分。演讲由其他小组评分，现场打分，现场公布。
2. 每个模块完成后，项目组长为每位项目组成员评分。评分针对工作态度、承担的任务、各个课题任务实施完成情况、资料收集情况、对分析报告建议与修改等5个方面进行打分，每项最高20分，满分100分。
3. 完成6个项目后，每组在组内推举最佳分析报告、最佳组长（根据组织协调能力与业务能力两方面评选），参加班级评比。
4. 结合课程考核说明，班级评选出最佳项目组、最佳组长、最佳分析报告（含个人独立完成的分析报告)、最佳演讲者、最佳表现个人(综合)。

5. 评比结果在最后一次班级课上公布,并颁发奖品。

四、奖励

1. 小组项目完成优秀者,课程分记做优秀(90 分以上)。

2. 个人表现优秀者,课程分记做优秀(90 分以上)。

附表 1：项目实施记录表

《商情分析》项目实施记录表

分析报告名称：________________

隶 属 模 块：________________

<table>
<tr><td>组长姓名</td><td colspan="5"></td></tr>
<tr><td>承担任务</td><td colspan="5"></td></tr>
<tr><td>项目完成情况</td><td colspan="5"></td></tr>
<tr><td>成员姓名</td><td colspan="5"></td></tr>
<tr><td>承担任务</td><td colspan="5"></td></tr>
<tr><td rowspan="2">完成情况</td><td>工作态度</td><td>承担任务</td><td>任务实施</td><td>资料收集</td><td>分析报告</td></tr>
<tr><td></td><td></td><td></td><td></td><td></td></tr>
<tr><td>成员姓名</td><td colspan="5"></td></tr>
<tr><td>承担任务</td><td colspan="5"></td></tr>
<tr><td rowspan="2">完成情况</td><td>工作态度</td><td>承担任务</td><td>任务实施</td><td>资料收集</td><td>分析报告</td></tr>
<tr><td></td><td></td><td></td><td></td><td></td></tr>
<tr><td>成员姓名</td><td colspan="5"></td></tr>
<tr><td>承担任务</td><td colspan="5"></td></tr>
<tr><td rowspan="2">完成情况</td><td>工作态度</td><td>承担任务</td><td>任务实施</td><td>资料收集</td><td>分析报告</td></tr>
<tr><td></td><td></td><td></td><td></td><td></td></tr>
<tr><td>成员姓名</td><td colspan="5"></td></tr>
<tr><td>承担任务</td><td colspan="5"></td></tr>
<tr><td rowspan="2">完成情况</td><td>工作态度</td><td>承担任务</td><td>任务实施</td><td>资料收集</td><td>分析报告</td></tr>
<tr><td></td><td></td><td></td><td></td><td></td></tr>
</table>

说明：

（1）每个项目完成后，由组长负责手工填写“项目实施记录表”，每个项目提交一份。

（2）每个模块完成后，项目组长为每位项目组成员评分。评分就工作态度、承担任务、各个课题任务实施完成情况、分析报告的资料收集、分析报告建议与修改 5 个方面进行打分，每项最高 20 分，满分 100 分。

（3）评分标准：每项根据完成情况按 20、15、10、5、0 分几个等级打分。

组长（签名）： 日期：

附表 2：小组评分表

小组评分

小组	1	2	3	4	5	6	7	8	9	10	11	12
评分												

第　　小组组长（签名）：　　　　　　　　　　年　　月　　日

小组评分

小组	1	2	3	4	5	6	7	8	9	10	11	12
评分												

第　　小组组长（签名）：　　　　　　　　　　年　　月　　日

小组评分

小组	1	2	3	4	5	6	7	8	9	10	11	12
评分												

第　　小组组长（签名）：　　　　　　　　　　年　　月　　日

小组评分

小组	1	2	3	4	5	6	7	8	9	10	11	12
评分												

第　　小组组长（签名）：　　　　　　　　　　年　　月　　日

小组评分

小组	1	2	3	4	5	6	7	8	9	10	11	12
评分												

第　　小组组长（签名）：　　　　　　　　　　年　　月　　日

小组评分

小组	1	2	3	4	5	6	7	8	9	10	11	12
评分												

第　　小组组长（签名）：　　　　　　　　　　年　　月　　日

小组评分

小组	1	2	3	4	5	6	7	8	9	10	11	12
评分												

第　　小组组长（签名）：　　　　　　　　　　年　　月　　日

电子商务概论

电子商务技术与应用

商务站点建设与管理

Web数据库应用

网络信息发布与营运

商情分析

电子商务物流

客户关系管理

国际贸易实务

电子商务应用与实训（第二版）

策划编辑：吕滨滨
责任编辑：陈子今
责任校对：张　苏
封面设计：丁海涛
版式设计：朱　姝

ISBN 978-7-5045-8851-7

定价：17.00元

全国高等职业技术院校楼宇智能化专业教材

LOUYU ZHINENGHUA

建筑设备自动化基础

人力资源和社会保障部教材办公室　组织编写

方忠祥　主编

中国劳动社会保障出版社